前山都子
Maeyama Miyako

金融機関管理職の
戦略的マネジメント

成果を
あげる
力

理論を知って
自走し続ける支店を
実現する

営業スタイルの変革
迷走する人材育成
プレイングマネージャーの限界

変化を先取りするチーム作りのヒント

自立した人を活かす。
自律した人になる。

経済法令研究会

はじめに

　本書は、支店長に昇進されたばかりの方、また支店長を目指す管理職の方に向け、"最高にやりがいのある支店経営"をいずれ体験していただくため、マネジメントの基礎理論と事例を織り交ぜながら記しました。事例は主に、金融機関で行った研修の際に寄せられた受講生の声や、私自身の銀行勤務の体験によるものです。

　昨今、世の中が金融機関のネガティブな面ばかりに注目することや、若手・中堅の行職員の離職が後を絶たないことに銀行のOGとして悔しさを感じます。

　後者の要因として、「地域社会や地域経済の活性化に貢献したい」「自身を成長させたい」と胸躍らせて入行した若手行職員の日常が、期待していたものと乖離している実情があることは否めません。例を挙げれば、投資信託の契約先へのアフターフォローの際、お客様から「あなたは価値が下がるものを売ったのか」などと言われて自分自身の仕事に罪悪感を覚えたり、目標を達成できず叱咤される上司や先輩の姿を見てこんなはずではなかったと感じたりするといいます。

　さらに、支店長になりたくないと思う行職員が増えているという声もまたよく聞きます。大きな責任を担いながらプレイングマネージャーとして働く支店長の姿に、「自分には無理」と感じるのでしょう。

　私は、幸運にも支店長として4ヵ店の経営に携わりました。私には支店長としての理想がありました。それは、メンバー全員が、主体的に生き生きと働く支店を作ること。そのために、マネージャーよりも支店メンバーとともにあるリーダーになりたいと思っていました。

　そして約8年間、私なりに支店を経営した結果、「支店経営はやりがいがあって面白い！」という結論を得ました。成果をあげることはもちろん、メンバーとの一体感や協働するプロセス、お客様から寄せられる

厚い信頼、また、多くの失敗体験から、支店長として知っておくべきことと身につけておくべきことを学びました。

　支店経営者の命題は、「成果をあげること」に他なりません。それには様々な方法がありますが、メンバーがオーナーシップをもって生き生きと働いてくれることが1番の近道です。そのための支店経営者の役割は、ワクワクする方向を示し、自立したメンバーを育て支えることです。それは一過性のものではなく、支店長が変わっても継続的に成果を出せる仕組み作りを伴うものでなくてはなりません。

　今般、世界を不安の渦に巻き込んだ新型コロナウイルス感染症をはじめ、劇的に変化していく今後を見据え、スピード感をもって方向性を定め、生産性の高い支店経営をする必要があります。それには、これまでのように組織のシステムと個人の資質によるマネジメントだけで成果をあげることには限界があります。意図的に支店経営のプロフェッショナルになることが求められるでしょう。

　本書が、支店長の目線をもってマネジメントの基本を学ぶ入口となり、少しでも多くの行職員が支店長を目指されること、そして支店メンバー全員がワクワクしながら協働し、成果をあげられる支店経営に携わることのきっかけとなれば幸いです。

　本書執筆にあたって、百五銀行の友人や先輩、古くからの先輩である朝比奈節子様、経済法令研究会の榊原雅文様、同出版事業部の松倉由香様、辻角果月様には、側面からご支援をいただき、心から御礼申しあげます。

　そして、私の家族に、心からありがとうの言葉を添えたいと思います。

2021年2月

　　　　　　　　　　　　　　　　　　　　　　　　　　前山都子

推薦のことば

　多事多端な毎日を送っていると、事の大小にかかわらず、もっと上手にマネジメントができたらよかったのにと思うことがあります。人事の話題、日常業務の話題など内容は様々ですが、金融機関業務はその範囲が年々広くなっているため、初めて直面する課題も増えつつあります。支店経営に置き換えてみても、それは同じです。地域金融のこれからを担う人材には、基本としての理念をもつことと、幅広い知識の習得・実践を期待しています。

　三重県出身の俳人松尾芭蕉が46歳の時に詠んだ句があります。
「月さびよ　明智が妻の　咄せん」
　これは、明智光秀が出世する前の貧しかった頃、「汁ごと」という宴会のもてなしをするお金がなかったため、光秀の妻が長く美しい髪を売って他家より立派な料理を用意し、光秀の面目を保ったという故事を引き、芭蕉が伊勢神宮参詣の途中貧しい夫婦から暖かいもてなしを受けた時に、「あなたの心がけは必ず報われる日がきますよ」という想いを伝えたといわれています。

　本書を読んで、この句が頭に浮かびました。支店長やこれから支店長になろうという方が、この本を熟読して理念や数々の実践テクニックを身につけられたら、その心がけはいつか必ず報われることでしょう。

　本書は、現場をよく知る前山さんの結実の1冊だと思います。組織開発型のマネジメントと人材育成を軸に、支店経営の面白さや自己評価法まで書かれていて、過去の類書を大きくしのぐ内容であると感じました。現場が好きで、今もう1度支店長を拝命したらこうしたい、ああしたいという、銀行支店長を4ヵ店も経験した前山さんの想いをベースにまとめられています。支店長時代には、「全員が主役になれる」と幾度も思っ

たそうですが、そうした経験を踏まえて、支店経営とは何か、プレイングマネージャーとはどう演じ切ればよいのかなどを、改めて教えてくれる良書であると断言できます。

　本書を通じて、マネジメントは面白いと感じ、メンバーとともに様々な成果をあげる管理者が1人でも増えていくことを願っています。

2021年2月

株式会社百五銀行
取締役頭取　伊藤歳恭

目次

第3章

リーダーシップを磨く

第4章

自立型の部下を育てるマネジメントスキル

第5章

理想のリーダーになる

〈本書をお読みいただくにあたって〉

本書で紹介する事例について以下のように表記しています。
・In my case……筆者が銀行勤務当時に経験した出来事
・Voice……金融機関等の職場で働く方の生の声

本書では役職の名称について以下のように表記しています。
・役席者……支店長を含まない管理職・監督職すべて
・管理職……部下をもつマネージャーの立場
・監督職……主に部下をもたない実務検印者

第 **1** 章

あなたが昇進したら

なりたい支店長像をイメージする

———管理職になったらまず
　"なりたい支店長像"をイメージすべし。
　変化を先取りして視座を高め、
　支店経営に携わる覚悟を決めよ。

　もしあなたが支店長昇進の辞令を受けたら、どのような支店長を目指しますか?

　支店長とは、組織全体でみるとミドルマネージャーとしての役割を担いますが、一方でトップとして支店を経営することができる、金融機関で働く者にとってはこのうえなく魅力のある役職です。

　今、支店長への昇進を意識して自己研鑽されている方や、現在の立場でもっと成果のあがる組織にするために支店長のフォロワーとして機能したいと望んでいる方は、理想の支店経営をどのように考えているでしょうか。

　現在、国内外の経済情勢、働き方、生活の仕方等、様々な環境変化の真っただ中にあります。まずは、変革の時代だからこそ、支店長として特に意識したいことを整理してみましょう。

1 必ず成果をあげる

　支店長には、リーダーとマネージャーの両面を活用しながら、組織の成長度合いや環境変化に合わせた戦略を立案し、必ず成果をあげることが求められています。

　なぜなら、営業店は、経営層や本部各部の方針や戦略を具現化する役

割を担い、営業推進の他にも多岐にわたる施策や目標を達成することが求められているからです。しかし、求められる目標は往々にして高く、幅広く、特に営業推進の目標は支店長に重くのしかかるでしょう。

その状況の中で成果をあげるためには部下の力が重要ですが、多くの部下の意識は、支店経営者のものとは大きく乖離しています。ナンバー２の管理職でさえ、そのレベルは異なります。支店長は、その乖離を前提として部下の力をさらに高め、チームを成長させ、個の総和よりはるかに高い成果をあげるために存在します。

2 変化を先取りする

2020年に入ってから間もなく、新型コロナウイルスの感染が世界を不安の渦に巻き込みました。その拡大防止のため、私たちは自粛を余儀なくされ、普段とは異なる生活様式を受け入れざるを得ない状況となりました。

すでに識者や専門家は、新型コロナウイルスの感染が終息した世の中の動きを予測し、発信しています。それは、2008年以降のリーマンショックの比ではない経済の混乱や不況が到来すること、人々の価値観や働き方、さらにライフスタイルの変化が起こること、そしてなにより、以前の世の中に戻ることはないだろうというものです。

すでに、人材派遣会社大手のパソナグループは、2024年5月末までに経営企画や人事、広報部門等の主要となる本社機能を淡路島に移転させることを正式に発表しました。移転する人数は1,200人です（日本経済新聞 2020年9月1日）。

これは、新型コロナウイルスの感染拡大をきっかけに、在宅勤務が定着した結果、地方移転が可能と判断したものといわれています。

金融機関にも、今までとは比べようのないほどの変化が迫っています。そこで、ここからは、支店長に必要な「変化を先取りする」を具体的に理解するため、現在の変化をトピックスごとに取り上げていきます。

第1章
第2章
第3章
第4章
第5章

〈テレワーク〉

　コロナ禍において、出勤の機会を減らし、テレワークを取り入れた企業が多数あります。これまでも、テレワーク導入を検討したものの情報漏洩や就労管理等のリスクを懸念して、利用することに二の足を踏んでいた企業は多数あったと思われます。しかし、緊急事態宣言の対応策としてテレワークの導入が一気に進んだという企業も少なくないでしょう。もっとも、テレワークは、もともと子育てや介護等と仕事の両立という観点でも、従業員等から要望されていたものです。企業がダイバーシティ経営を実現するために、また労働生産性や効率性向上のためには必要な就労形態で、今後ますます進んでいくでしょう。

　テレワークが日常化されたとき、マネジメントをするうえで直面する課題として、以下の点が考えられます。

・業務の進捗管理の方法は？

・部下の労務管理やメンタル面のフォローは？

・部下の能力評価方法は？

・チームの協働体制は保てるのか？

・コミュニケーション不足は補えるのか？

・情報管理が保てるのか？

　この他にも、日本企業の主な雇用形態であるメンバーシップ型（ジョブローテーション等で人を育成し、企業に最適な人材を育成する雇用形態）から、欧米が取り入れているジョブ型（専門的な仕事に対して人を雇用する形態）への移行を進めているケースもあります。

　現状、金融機関の営業店は顧客接点サービス業務が主流で、テレワークに移行することが予測し難いかもしれません。しかし、業務に AI 導入が進めば、テレワークが現実となる日も近いでしょう。

〈人材育成・研修〉

　時代環境の変化により、求められる人材が依存型から自立型に変化していることは、言うまでもありません。その人材を育成するために、タ

レントマネジメントや1on1ミーティングほか様々な手法が実践されています。メンバーシップ型の雇用を継続している以上、現場での広義のOJTは重要な役割を負っています（詳細は第4章4〜6後述）。

　研修について、感染リスクから集合研修を取り止めた金融機関の中には、複数人での同時参加が可能なオンライン会議や行内のテレビ会議システムを使って行職員研修を実施したり、動画による教育を行ったりしています。もともとクラウドサービスを活用して基礎知識習得を徹底させている企業や金融機関はありました。集合研修にはそれなりの費用がかかりますので、コスト軽減にも寄与できるITを活用した人材育成の手法が、今後さらに取り入れられていくものと思われます。

〈お客様との接点〉

　お客様に目を向ければ、すでに非対面の社会生活に慣れた顧客の金融機関に対する意識は変化しています。三菱UFJ銀行や常陽銀行等では、インターネット・バンキングの新規利用者急増が報じられました（日本経済新聞2020年4月18日）。読者の金融機関でも、同様の事象が起きていることでしょう。

　今後、インターネット・バンキングやスマートフォンアプリの利用が盛んになり、キャッシュレス社会への移行がさらに加速していくと予想されます。すると、来店されるお客様の数はさらに減少し、顧客接点の機会が難しいものになるでしょう。また、特に個人顧客向けの渉外活動は必要がないという考えもできます。金融機関の営業手法は大きく変化せざるを得ないでしょう。

〈営業店の存在意義〉

　本部のみならず、お客様に1番近い存在である営業店も、営業店の役割とあり方を再考する時期です。そうしなければ、競合他行庫だけでなく、競合になり得る他業態への先手を打った営業活動を行うことができなくなるからです。

　もちろん、本部では、想定される課題を戦略に落とし込み、体制整備

やルール化を行い、営業店におけるマネジメントの指針を提示してくれます。しかし、支店長は、自身のマーケット内で起き得る変化や課題を想定しながら、今後の営業店のあり方を見据え、より具体的な戦略を考えることができます。また、アンテナを高くして先進事例に学び、それを取り入れることも可能です。そして、そのことが地域社会や取引先企業の変化の行き先を想定した課題解決にも繋がっていくでしょう。

　私は、邦銀の10年先を歩んでいるといわれている米国の銀行の視察研修で見聞きしたり、国内企業の優れた経営事例や都市銀行をはじめとする他行への視察等でも多くを学び、その中からヒントを得て支店経営に取り入れました。

　例えば、日本の地方銀行に相当する大型の米銀を訪れ、営業体制と営業コストについてのレクチャーを受けて実際の現場を視察した時のことです。もう20年以上前になりますが、「なるほど！」と感じたことが複数ありました。一例として、顧客接点サービス手法についてコストがかからない順に挙げると、①インターネット・バンキング、②テレフォン・バンキング、③テレビ電話、④店頭、⑤渉外となり、それを意識した営業戦略を展開していたということです。

　ある米銀では、大型店の衛星店舗に来店した顧客は、ブースごとに設置されたテレビ電話を使って取引を行っていました。店舗に在席するスタッフは1名のみです。

　さらに、あるコミュニティバンクでは、米国の金融リテラシーの浸透を前提として、金融商品販売の中心がインターネット・バンキングに置かれていました。

　そしてその数年後、役職者として営業店に配属になった私は、視察研修等の学びを活かしました。特に、預かり資産営業では、お客様への「投資の啓蒙」を徹底しました。また、営業の基本を来店誘致としたこと、富裕層については外訪活動と棲み分けを行ったことで、効率よく大きな成果をあげることができました。

　今、さらにAI化を進め、1店舗1名のスタッフが運営する営業店を展開する計画を発表している金融機関も見受けられます。

　変化の激しい昨今、成果をあげるためにはまず変化を敏感に捉えて将来を予測すること、そして先進事例に学び、ヒントを得ることから始める必要があります。

　そして、前例のない変化が訪れた時は、おそらくこうなるのではないかと「仮説思考」で先を見通し、素早く必要な情報を収集し、プランを実行して、検証・修正を行うことが肝要です。すると、変化に遅れることなく次の打つべき手や、実行に移すべきことがみえてきます。

3　視座を高める

　誰しも「うちの支店長は上ばかりみている」「どんなことも本部に反論できない」等、指示に従うべきとわかっていながら納得できずに上司を非難したり、「経営陣は何を考えているのか。現場がわかっていない」と経営者を直接非難したりすることがあるでしょう。組織で働けば、1度や2度はそんなことを経験するものです。

　私は、納得できないまま指示されたことに渋々応じた場合、仮に成果をあげたとしても達成感は得られなかったように記憶しています。では、意思決定した経営陣と、営業現場で働く行職員の間にはどのような違いがあるのでしょうか。

　その重要な要因に、視座の高さの違いがあります。

　視座とは、物事を考える際の立脚点、考えたり行動したりするときの立場を意味します。同じ物を見ても、どのような立場で見るのか、どのような位置で見るのかにより、物の見え方が変わります。低いポジションから物を見れば細部までよく見えますが、時に近視眼的となり、目の前のことに捉われる可能性があります。逆に、より高いポジションから物を見ると、より広くより遠くが見える、つまり俯瞰的に物を見て物事を考えることができるということです。

第1章

第2章

第3章

第4章

第5章

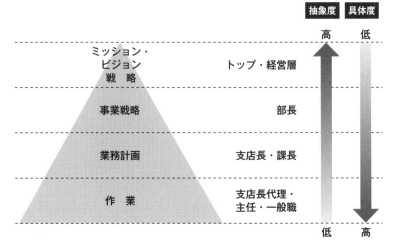

■図表1　視座の違い

抽象度　具体度

高　　低

ミッション・
ビジョン
戦　略　　　　　トップ・経営層

事業戦略　　　　　部長

業務計画　　　　支店長・課長

作　業　　　　支店長代理・
主任・一般職

低　　高

　金融機関の組織を例に考えてみましょう（**図表1**）。

　階層トップの経営層は、高い位置から組織全体を客観的かつ主観的に見ています。そこには、組織における物事すべてにおいて、常に全体像を把握できる、広い視野が必要です。さらに遠く将来を眺め、中長期の組織の継続と発展を意図した経営の方向性を見極めています。

　もちろん、10年先の社会情勢や金融機関の将来が明確に予測できるわけではありませんが、誰もが今のままの金融機関や営業店の姿がそのまま残るとは思っていないでしょう。経営層は、その社会の姿や未来の銀行経営のあるべき姿を描き、そこに向かうための方向性、長期ビジョンを決めていく責任を負っています。

　その方向性や長期ビジョンを基に、事業部長は中長期的な戦略と到達するための事業計画を定めていきます。それらの戦略と事業計画を受けて、各担当業務の課長は具体的な戦術と計画と成すべきことを営業店に通達します。営業店の支店長は、自店の商圏に沿った戦略や戦術を立案し、役席者を通じてメンバーに具体的な作業や獲得すべき数字を割り振ります。この間には、役員・部長・課長・支店長等の多くの階層を経て

います。

　例えば、本部から、現状では何のトラブルや支障のないシステムを、新システムに移行するといった指示が出るとします。現場では現行のシステムに慣れ親しんだ行職員やパートタイマーが、システム移行に係る端末の入替えや帳票の変更、端末操作の訓練等の負担に不服を唱えるかもしれません。また、現場は時間的制約もあり、時にはミスが発生したり、行職員に不満が広がったりして、モチベーションを下げることも予想されます。

　それを防ぐためには、支店長自らが、経営陣が新システムへの移行を決断した意義やそれが目指すものを理解し、行職員やパートタイマーにわかりやすく伝え、納得させて、協力して事にあたる態勢を整える必要があります。間違っても、行職員やパートタイマーの前で近視眼的に施策自体の批判をすることは許されません。

　支店長に昇進するということは、それだけの視座の高さが要求されます。日頃から環境変化にとどまらず、様々な変化と経営の方向性に意識を向けなければなりません。

4　経営者として WIN・WIN を意識する

　支店長は、常にステークホルダーの幸せを意識することが必要です。では、支店長からみたステークホルダーとは誰なのでしょうか。

　支店長は、取引先、支店のメンバー、本部、関連会社……、様々なステークホルダーの存在を意識することが必要です。そして、ステークホルダーは、固有名詞で、名前と顔が浮かぶほどに意識しなければなりません。

　業績を上げるのが仕事とばかりに、僚店のテリトリーまで踏み込んで営業推進に邁進する支店長の話を耳にすることがありますが、1人勝ちは難しいものです。

　また、あまりにも厳しいノルマを部下に与え、その結果のみで評価し

て部下を疲弊させる支店長や、甘い評価で部下を操って部下の成長を止めてしまう支店長もいます。

　その目的が自身の将来のためだけだとすれば、すでに支店長の器ではありません。それを近くで見ている支店のメンバーも、それを良くは思わないでしょう。

　支店長はただ成果をあげることだけがミッションではなく、支店長としての崇高な使命や存在意義があります。メンバー達が「支店長を経験してみたい」と思えるロールモデルであり、地域の経営者や取引先、競合金融機関の支店長からも尊敬を集める経営者でなくてはなりません。

　近年、私は、企業の「理念」の策定とそれを浸透させるパートナーの活動を進めています。そのなかで、経営者の方々から本音を伺う機会が増えました。ある時、同時期に2人の社長から、「どんな時も1人勝ちはしない。必ず、関わる誰かの利益を考えて物事を進める。つまりWIN・WINを意識する。その結果として、困難が生じた時でも誰かに助けられたり、大きな利益をもたらされたりする」と、同じ趣旨の話を伺ったことが強く印象に残っています。それは、経営の舵取りをするなかで培われた教訓なのではないかと感じました。

　時として、私たちは組織人の立場を優先してしまうことがあります。しかし、支店長は、経営者としてのスタンスを決して忘れてはなりません。

5 覚悟を決める

　支店経営者には、支店で起きた事案について、すべて自分自身の責任であるという覚悟が必要です。支店の経営とは、常に起こる問題を解決するために決断を続けることに他なりません。

　融資判断はもちろんのこと、取引先とのトラブルやコンプライアンス抵触事案、行職員の横領、自然災害による事故が起きるかもしれません。支店長は、起きた事実を捉えその対処方法等を決断するとともに、結果

についても全責任を負います。

　さらに、将来にわたって支店の役割を完遂するために、ビジョンを策定します。その達成に向けて戦略を構築し、実行しますが、その成果の良し悪しは支店長の責任において進められたものです。

　当然、これらの責任を負うには覚悟が必要です。支店長の給与は、この責任に対して支払われているといっても過言ではないでしょう。

　辛い交渉や折衝を部下に任せきりする、任せたと言いながらタスクを丸投げして成果があがれば自分の手柄にする、不本意な結果となれば部下を責める、または責任を追及され言い訳するといった支店長の姿は、部下にとって見苦しいものでしかありません。

　「そんなことはわかっている。役席者になったときから覚悟をもって、トラブルに対処している」と思われるかもしれません。しかし、支店長の覚悟はそれ以上のものといえます。

　私は、大型店舗の窓口担当役席として働いていた時、当時としては大胆な営業体制の変更を行ったり、難解なトラブルに積極的に対応したりしましたが、特に怖いと感じたことはありませんでした。なぜなら、それは支店長に提案を受け入れてもらって実行していたことだからです。責任は支店長が引き受けてくれていたために、安心感があったのでしょう。

　そのことを理解できたのは、初めて支店長として赴任した支店で、大きなトラブル事案が起きた時です。銀行に多大な迷惑をかけるかもしれないという怖さと、よく言われる「後ろには誰もいない」という言葉の意味を体感し、支店長としての覚悟が決まりました。本部の関係部署は、様々な情報で応援してくれますが、それをどう判断し、どう決断するかは支店長である私次第なのです。

　私自身のトラブルやコンプライアンス事案の判断基準は、以下のようなものです。

① 法令違反の事案か、銀行独自のルール違反か

② お客様の感情の問題か、お客様の今後に関わる事案か

③ 自身が責任をとれる事案か、銀行の信用に関わる事案か

④ 職員の将来に関わる事案か、一過性の事案か

　このような観点から、ケースバイケースで瞬時に整理し、対応にあたりました。その時に１番大切なことは、自分自身が事実を把握し、現状分析をしたうえで考えるということです。できるだけ事実情報を集めることが肝要です。

　具体的には、事案が重いほど現場主義を徹底します。部下を疑うわけではありませんが、人は、無意識に自身に不都合なことは報告しない、部下の解釈や理解が甘いということもあります。

　部下の報告を鵜呑みにして、最悪の結果を迎えたならばどんなに悔やんでも悔やみきれません。しかし、自身が現状認識・現状分析を行ったうえで判断や決断を誤ったのならば、これはもう仕方のないことで、全責任をとることに躊躇はないでしょう。

　管理職の立場にある読者は、「支店長は辛い仕事」と思うかもしれません。しかし、判断、決断は支店長が下すものですが、身近な部下や先輩、本部の関係部署、役員等様々な人たちが支えてくれます。

　私は、トラブル対応で辛い決断を迫られた時に、尊敬する先輩から「後悔のないように全力を尽くしなさい。結果がだめでも命までは取られないから」と笑顔で耳打ちされ、心が落ち着いた経験があります。そんな組織の温かさに気づくのも、覚悟を決めた支店長だからこそといえます。

◇In my case　覚悟を決めた支店長の手本

　私の銀行に、Ａさんという伝説の支店長がいました。Ａ支店長が赴任した支店では、短期間に営業担当者全員が個人の業績を伸ばし、優績店に変化していました。

　Ａ支店長が支店経営で重視していることについて話した時、「業績・事務管理・人事管理・労務管理・人材育成・時間管理・収益管理・リスク管理を大切にしているだけです」というのを聞いて、「"だけ"って、つまり

全部！」と驚いたことを覚えています。

　そのＡさんは、統括店の支店長をされていた時に、リスクを承知で役席者の大胆な係替えを行いました。その中には、本部勤務の長い管理職や融資業務が初めてという役席者もいました。その後、業務監査員の監査が入り、支店の監査結果はとても悪かったようです。しかし、Ａさんは係替えをしたままで、ベテランを戻すことはありませんでした。

　半年後、業務監査の再監査が行われましたが、結果は大きく改善したといいます。

　後に、そのことを振り返り、Ａ支店長は「不安や葛藤はあった。でも我慢すると決めた。やせ我慢かもしれないが、当行に入行した人たちだから大丈夫だと彼らを信頼した。責任は自分がとればよいのだから」といつもの調子で明るく話しておられましたが、その言葉に部下への信頼と支店経営への強い覚悟を感じました。

　いつも皆の話を笑顔で「そうか、そうか」と聞いてくれる、朗らかで温かいＡさんでしたが、実は職責への覚悟という強い意志を秘めた"支店経営者"だったのだと思います。

6 専門性を高める

　かつて、「金融機関出身者が中小企業に再就職しても、すぐに役に立つ人は少ない」と言われてきました。あくまでも一般論で個人差もあり、些か乱暴な言葉ですが、残念ながら頷ける話でもあります。

　一般的に地域金融機関では、大半の行職員をゼネラリストもしくは専門職と位置づけながらも、転勤というジョブローテーションを繰り返しながら営業経験を積ませます。そして、一定の成果と成長が認められる行職員の職位を上げていきます。若い頃からゼネラリストのプロフェッショナルとして修業し、経営の専門性を高めて実績を積んできたわけではありません。それでも今までは行職員の能力は高く、ほとんどの人がそつなくその職位を全うしてきたのでしょう。

　今、第４次産業革命の真っただ中、かつ第５次産業革命の予測までさ

れている外部環境にあり、今までのようなゼネラリストのあり方では支店経営が難しくなっています。今後、支店はデジタルトランスフォーメーション（以下、「DX」という）の進展により省力化が進み、支店長の役割も経営のプロとしてのマネジメントが要求されます。

支店長を目指すなら、ゼネラリストとしての専門性と経営のプロフェッショナルとしての専門性を磨くことが肝要です。

また、ゼネラリストである支店長を目指しながら、組織外でも有効に活用できる何かしらの専門性を磨くことも必要でしょう。例えば、昨今の金融機関では、今まで以上に取引先の経営課題の共有と、その解決に向けたソリューション活動に注力することが求められています。この傾向は個人向けの営業も同様で、パーソナライズを意識した提案が欠かせません。そのために必要な知識やスキルは、より高度で専門性が高いものとなります。FP 1級やそれに類する資格、中小企業診断士などが有益な資格です。経済産業省は、今後の中小企業について、企業数の増加ではなく、生産性向上など質の向上を目指しています。専門性の高い資格取得とそのための学習は、金融機関が企業育成へのソリューション活動を進めるうえで、行職員に必須といえます。もちろん、それ以外の人事・国際・資金証券など経験や興味で選ぶのも一手です。

さらに、金融機関を卒業したのちに社会の役に立つ仕事やライフワークで社会貢献を成し遂げようとすれば、金融機関で培った専門性は大いに活かすことのできるものです。

私たちの大切な人生にとって、金融機関の卒業は1つの通過点です。その先にあるものを見据えた自己開発は自身の人生の宝となるでしょう。

支店長の役割と仕事

**───支店経営への想いをミッション・ビジョンに言語化せよ。
支店長としての仕事の軸が見えてくる。**

1 支店経営者のマネジメントとは

　マネジメントとは、一言でいえば、組織の階層と決められた制度等を通じて既存のシステムを支障なく動かし続け、成果をあげることです。

　金融機関の支店長のマネジメントも同様に、組織が作りあげた様々なシステムを機能させて、部下の能力を最大限に引き出し、与えられた目標以上の成果をあげることとされています。

　そのために、支店長の役割は組織や人を管理・統制することとされてきました。

　特に、営業目標にはほぼ独自性はありません。本部から割り当てられる計数目標に対し、それを達成するための実行計画を立て（P）、人員を配置し、策定した計画に沿って業務を遂行し（D）、計画に沿って実施した結果について評価を行い（C）、成果があがれば継続し、成果があがらなければやり方を変える（A）という、いわゆるPDCAサイクルを回しながら、成果をあげ続けることが求められています。

　また、働き方改革やSDGsの推進、時には店舗の統廃合等、本部各部署の戦略に沿った施策を成功に導くことが支店長の役割ともされてきました。

　しかし、部下が動かない、若手行職員が辞めていく等の人の問題を抱えながら、ソリューション案件やDX関連の商品・サービスなど、高度

化された営業目標の達成を求められている現実があります。今までの管理・統制を手段としたマネジメントだけでは成果をあげにくいと、支店経営に悩みをもつ支店長は多いでしょう。

　世の中のありとあらゆるシステムは大変なスピードで、しかも短期スパンで変革しています。もちろん、人の価値観も大きく変化しています。その状況下で支店経営に求められていることを察知し、真摯に受け止めて対応すべきことを整理し、まず自分自身を、そして組織を変化させる必要があります。しかし、危機意識が足りなければ、従来どおりの管理・統制中心のマネジメントを強化し、乗り越えようとするかもしれません。また、管理・統制したことによって、部下からパワー・ハラスメント（以下、「パワハラ」という）扱いされる等のリスクを恐れ、手を打てないでいるかもしれません。

　急速に変化しつつある社会や変わりゆく人の価値観のなかで、支店長のあり方や役割にも変革が求められています。では、何が必要なのでしょうか。

　それは、リーダーシップです。リーダーシップとは、「効果のある変革を生み出す」ために必要であり、管理・統制を中心としたマネジメントとはまったく異なる機能です。変革期にある支店長は、既存のシステムを問題なく動かし続けるマネジメントに加え、変革を起こすための強力なリーダーシップの発揮が求められているといえるでしょう。

２　成果をあげる経営管理

　支店長の１番の仕事は、何といっても支店の経営管理にあります。

> ▶ 経営管理
> 　人、物、金、情報、時間といった経営資源を効果的に活用し、商品・サービスと知恵を使って、取引先やお客様の幸せを実現する。そして信頼と利益を確保し、地域社会と自行の発展に寄与すること。その責任は支店長が負う。

赴任店の経営管理を行うため、支店長は、支店に着任すると遅くとも2ヵ月以内に支店経営方針書、つまり自店の中期経営計画を策定していると思います。支店経営方針書とは、組織の経営理念や社会的責任、または、本部から期待された自店の役割を前提として、在任期間中にどのような支店にするかを明らかにした設計図と工程図のようなものです。もちろん、それは組織全体の中期経営計画と連動することが前提です。

策定するには、次のような流れを意識します。

ステップ1　環境分析

3C分析（後述(1)参照）やエリアマーケティング等による外部環境分析と、自店の実力と課題を内部環境分析により把握する。また、戦略構築の前提となるSWOT分析(後述(1)参照)を行う。顧客のターゲティング（標的市場の選定）とポジショニング（位置決め）を可視化する。

ステップ2　ミッション・ビジョン・ゴールの設定

ステップ1の環境分析から解き明かした顧客の求めるものと組織における自店の役割を前提に、自店の使命・存在意義（ミッション）とは何かを考え抜く。法人・個人のお客様の幸福や満足に貢献することのできる自店のあるべき姿（ビジョン）と戦略について仮説を立てる。また、メンバーのやりがいや成長を実現できる組織を描く。それが実現したあるべき姿（ビジョン）と、ビジョン達成の最終的かつ定量的な目印（ゴール）を定める。

ステップ3　戦略・戦術策定と決定

あるべき姿（ビジョン）と現状との乖離から課題を抽出して戦略を確定させ、順次達成すべき目標（マイルストーン）と具体的な戦術、行動指針（バリュー）を定める（**図表2**）。

ステップ4　支店経営方針の徹底と浸透

支店経営方針と単年度の業務計画に落とし込んだ目標を支店メンバーに浸透させる。マネジメントによる管理・統制（PDCA）と適切なリーダーシップを発揮し、支店メンバーとともに実績を積みあげる。

■図表2　ミッション・ビジョン・バリュー

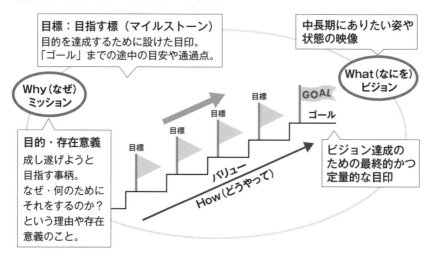

　経験上、支店経営方針書策定の良し悪しがその後の支店経営の是非を左右するといっても過言ではありません。特に、着任時における策定プロセスは重要です。その作業の段階を踏むことで、支店のみならず自店のテリトリーへの想いが膨らみ、支店長としての軸や覚悟が定まっていくものと感じます。

　ここで、支店経営方針書の策定について、私の経験を踏まえた一連の流れを示します。

（1）ステップ1　環境分析

　支店経営方針を策定するにあたり、まずは外部と内部の環境分析により現状把握を行います。外部環境分析には様々な手法がありますが、一般的には3C分析（市場：Customer、競合：Competitor、自社：Company）を用います。

▶ 3C 分析

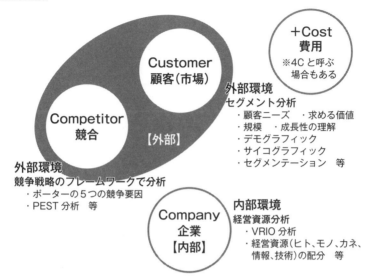

〈エリアマーケティング〉

　特にエリア（商圏）を制限された地域金融機関の環境分析では、エリアマーケティング分析で得た情報を活用するとよいでしょう。エリアマーケティングとは、自店の商圏や地域市場の特性と、地域における顧客特性を理解したうえで、エリアに応じた戦略を組み合わせて成果をあげていくマーケティングプロセスです。

　エリアマーケティングは新規出店等の際に活用されるマーケティング手法ですが、業績不振などで改めて店舗戦略を練る時には実施すべきです。

　エリアマーケティング分析では、次のようなエリア特性を把握します。

・その1　市場特性

　「人口統計」「人口分布」「性別割合」「世帯数」「事業先数」等、暮らしている人の属性を知る。また、そこからみる市場規模と今後の動向を予測する。

・その2　生活者の特徴

　そのエリアに住む人々のライフスタイルや消費行動、また意識レベルや生活習慣等から、「地域の人々がどのような意識や習慣のなかで生活しているか」「地域の人々が趣向する店舗や取り扱うサービス、商品にはどのようなものがあるか」等をリサーチする。ここでは、エリア内を足で歩き、住民や商店の人々との会話等を通じて五感で感じることが不可欠。なお、ここでは地域性によるユーザー特性を分析する。

・その3　競合分析

　競合金融機関の預貸金や、取扱商品・サービス等の特性を把握し、自店が競合他行とどのように差別化を図れるかを分析する。競合他行の予想される動向（出店状況や戦略）等を調べることも必要。同一地区内に店舗を有する競合金融機関の動向は、地域の「金融会」等を通じて比較的入手しやすいが、テリトリー内に店舗を有しない近隣県の地方銀行等の攻勢は、僚店や競合金融機関、または取引先からの情報に頼らざるを得ない。ここにこそWIN・WINの日頃の付き合いが活きる。

・その4　チャネルの分析

　地域に住む住民は、どこでどのような金融機関の商品やサービスを利用しているかを探る。預貯金取引と預かり資産、平日取引と休日取引を分析する。

◇In my case　五感とエリアマーケット資料を活用したエリア特性の把握

　支店長として赴任したフルバンキングの支店での出来事です。引継ぎにあたって、テリトリー内は「高齢化が進んだ地区」と断定した情報がありました。確かに、店周に住む住民や店頭に来店するお客様の様子を見ると頷ける情報でした。

　しかし、私は、支店の近隣の幼稚園に登園する多くの園児の姿を見て違和感を覚え、すぐにエリアマーケット資料を見ました。すると夜間人口と昼間人口に大きな乖離があり、平日勤務する行員が目にしない祝休日のエリアの姿があるということが見えてきました。

　そこで、いつもより早い時期にエリアマーケット資料を読み解くと同時にエリアを歩き、その特性を体感することにしました。

　最近では、本部から営業店に、詳細な市場分析データが送られる金融機関が増加しています。そのデータは、エリア特性のみならず、各金融機関の個人・法人取引のシェアまで分析されているものもあるようです。それらを活用すれば、比較的容易に精度の高い分析が可能になるでしょう。

〈自店の現状分析〉

　次に、自店の内部環境分析、つまり自店の現状分析を行います。

　自店について、「収益源」「経費」「支店の人員構成とその能力および伸びしろ」、加えて「事務レベル」「リスクの種類や発生の可能性」等の内部管理状況を分析し、客観的に自店の実力と課題を把握します。

　自店の現状分析では、支店内の行職員のみならずパートタイマー等、全員から情報収集を行います。特に、パートタイマーは、役席者や行職員とは異なる角度で現場の実態をつかんでいます。その情報を得られるようにコミュニケーションをとりましょう。案外、管理職はその立ち位置や過去の経験則が影響し、アンコンシャス・バイアス（無意識の捉われ）で物事をみているかもしれません。管理職とは異なった角度から客観的にみているパートタイマーの情報はありがたいものです。

　その後、これら内外の環境分析で得た情報を基にした「3C 分析」を経て、戦略構築のための SWOT 分析へと進みます。この時点ですでに、顧客のターゲティングとポジショニングがみえてくるでしょう。

　なお、3C 分析、SWOT 分析は、今や取引先の事業性評価にも活用されています。

▶ SWOT 分析

	Opportunity 機会	Threat 脅威
内部環境 **Strength** **強み**	自社の強みで取り込むことのできる事業機会は何か。 〈典型的戦略〉 強みを最大限活用し必勝の構え **積極的攻勢**	自社の強みで脅威を回避できないか。他社には脅威でも自社の強みで事業機会にできないか。 〈典型的戦略〉 回避し他社に集中させる **差別化**
Weakness **弱み**	自社の弱みで事業機会を取りこぼさないためには何が必要か。 〈典型的戦略〉 弱みを補完し損失を回避する **段階的改善**	脅威と弱みが合わさって最悪の事態を招かないためにはどうするか。 〈典型的戦略〉 危機管理で不敗の構え **専守防衛または撤退**

◇In my case　内部環境分析で固定費に着目した事例

　新任支店長として、テリトリー内に団地をもつ店舗へ着任した時のことです。その支店は、店舗とその底地を公共施設から借りていました。ある時、私は何気なく家賃の支払伝票を見たのですが、その金額の高さに驚きました。

　そこで、賃借料の推移を調べようと契約書を見たところ、支店開設時に結んだ賃借契約書に記載されている賃借料と、現在の支払伝票の金額が同じでした。土地の値段が当時と比べて大きく下落していたにもかかわらず、契約当初と同じ金額を支払い続けていたことが判明したのです。

　早速、家主の公共施設に連絡し、家賃の値下げを申し込みましたが「値下げの前例がない」との理由で、応じてもらえませんでした。そこで、その土地建物の鑑定を行い、その結果をエビデンスに再度交渉した結果、相当の値下げが実現できました。

　店舗の賃借料は本部経費で支払われていたため、残念ながら自店の収

益改善には繋がりませんでしたが、関連部からは感謝されたことを覚えています。

内部の環境分析では、視点を変えて、残業代等の変動費だけではなく固定費にも目を向けてみるのも一案です。

（2）ステップ2　ミッション・ビジョン・ゴールの設定

どのようなお客様が地域金融機関に何を求めているのか、自店の強みと弱み、役割は何かを明確にし、自店のミッションを整えます。それが決まったら、目指すべき自店のあるべき姿（ビジョン）の仮説と現状との乖離を明確にします。そして、乖離を埋めるための大筋の戦略と戦術、それらを実行するためのリソースや手段を検討します。これに支店長自身の在籍年数を加味したうえで、実現可能だと判断できれば「あるべき姿」「経営方針」「大枠の事業戦略」を定め、支店経営方針書のドラフトを作成します。

このとき、支店内の行職員やパートタイマーとのコミュニケーションによって手に入れることができる3つのゴールを定めて挑めば、1度に3つの成果を生むことができます。

例えば、以下のようなイメージです。

ゴール1　多面的な情報収集
ゴール2　メンバーとの安心・安全な関係性作り
ゴール3　メンバー個々の状況把握

この3つが1度に手に入るとしたら、こんなにも有意義で効率的な時間はないでしょう。

（3）ステップ3　戦略・戦術策定と決定

このステップでは、ステップ2で作成した支店経営方針書の「あるべき姿」「大枠の事業戦略」について、支店の役席者に説明するとともに忌憚のない意見を求めます。

その際、支店長はオープンな姿勢で、役席者から本音の意見を引き出しましょう。策定した大枠の経営方針について想いを込めて説明すること、冷静に意見を聴くことを意識します。

　特に、支店長自身が分析したデータ等のエビデンスと、「支店の使命（ミッション）」を明確にした成功へのストーリーを示し、達成可能かつ成し遂げたくなるような「あるべき姿（ビジョン）」と「ゴール」を明らかにします。とはいっても、人は変化を好まないといわれます。この場合も同様に、チャレンジングな「あるべき姿」や「大枠の事業戦略」を示せば、ネガティブな意見が出ることは当然想定されます。むしろ、上司の指示だからと異論を示さずに表面的に受け入れられるほうが、後々の進捗に悪い影響が及んだり、思った成果が出ない等のリスクが予想されるでしょう。

　冷静に意見を受け入れ、真に問題とすべき意見を取捨選択して議論を尽くせば、たとえ役席者の意見が採用できなくても、役席者は当事者意識を強め、強力なフォロワーシップを発揮してくれます。そして何より、本音の意見が出る環境や関係が築かれることは素晴らしいことです。

　ここで策定する戦略・戦術は、支店経営方針を基にした「中期的な目標」と、本部から割り当てられた「短期的な目標」について、両方が達成できるようバランスを保ちながら具体的に定めることが大切です。

　「戦術」とは「戦略」を実現させるための手段であり、成果を出すための具体的な方法ですが、戦術や実行計画の策定では、実際に活動してくれるメンバーの参画を意識しましょう。戦術が決まれば、実行計画の策定は各リーダーに任せてもよいでしょう。

　ピーター・F・ドラッカーは、「計画と実行を分離させてはならない」と教えています。つまり、「計画を立てた人が、計画を実行する」ということですが、これは上司が部下をマネジメントする際の原則です。

　なぜなら、上司が計画を立て、部下に計画どおり実行するように指示命令すれば、部下は「わかりました」と指示を受けますが、やる気が出

るかどうかは不明だからです。しかし、計画を決める時に部下も参画できていれば、割り当てられた仕事は「自分が決めたこと」となり、困難な状況にあっても工夫を重ね、その仕事の成果にコミットしてくれるでしょう。

（4）ステップ4　支店経営方針の徹底と浸透

　支店経営方針書が作成できたら、その内容を支店メンバーに伝えます。支店経営方針書は、支店長自らの言葉と情熱をもってメンバーに語りかけるとよいでしょう。それも、1度や2度では理解すらされない可能性があります。支店長の中には、支店全体会議で支店経営方針書の内容を説明したことをもって、支店メンバーに「伝えた」と考える方もいますが、「伝えた」ことと「伝わった」ことは異なります。「伝わった」とするには、なぜ、どこへ、どのようにして達成すべきかを明確に、何度でも話すことが必要です。そして、そのことが組織の中で話題にされる頻度が高いことが成功へのバロメーターになります。

　支店経営方針の徹底と浸透にあたって、役席者が担う役割は重要です。このステップにあれば、すでに役席者の理解や納得は進んでいるはずですが、納得の度合いには格差があることを前提に、キーとなる役席者を定めておく必要があるでしょう。

　私の場合、とりわけ次席者とは、支店経営方針書の大枠を策定する段階で本音の話し合いを行いました。中には「過去の支店長のやり方がよい」と真っ向から反論を唱える次席者もいました。しかし、目指すものが同じであれば、本音の話し合いが可能です。大切なパートナーとして何度も話し合いを重ねた結果、次席者は心から賛同し、積極的なフォロワーの大きな役割を担ってくれました。

　大きな変化への提案に、すぐに賛同する役席者は稀かもしれません。誠実に話し合う姿勢が大切です。支店長といえども、1人では何もできません。複数の影響力が支店のメンバーを巻き込んでいくのです。

なお、パートタイマーへも行職員と同様に、支店経営方針書の配布や説明を行います。パートタイマーや部下から「そんなことは聞いていません」と言われた経験のある方も多いでしょう。誰にとっても、情報が入らないことは疎外感を抱かせる1番の要因といえます。

3 人と組織を活かす人事管理

支店長の役割と仕事の中で、人事管理は重要な位置を占めています。

一般的に経営資源とは、「人、物、金、時間、情報」といわれていますが、「人」はその他の経営資源とは一線を画す、最も重要な存在です。なぜなら、残り4つの経営資源を活用しながら成果をあげることができるのは「人」だからです。その重要な「人＝部下」を自立型の人材に育てることと、部下が働きやすい環境作りを行うことが支店長の重要な責務の1つです。

ここでは人事管理について、基本となる仕組みや考え方について述べます。

（1）異動と係替え

人の成長において、環境変化と仕事経験は大きな影響をもたらします。支店長は部下を長く同じ仕事に止めることなく、異動や係替えを心がけたいものです。

実際に多くの金融機関では、役職者・一般行職員にかかわらず、2〜3年のスパンで異動を実施しています。その目的の1つは人材育成です。また、横領等のリスク回避という目的もあります。金融機関の大型の横領事案は、今も昔も、長期間、同じ支店で同じ業務に就いていた行職員が起こしているという事実があります。

私の考える異動の留意点には、次のようなものがあります。

・優秀な行職員の異動について人事部門から打診がある場合、つい引き止めたくなるが、余程のことがない限り異動させるべき。たとえ戦力

ダウンになっても異動は本人の成長に繋がる。

・支店経営者として、安易に人事配置や異動に異論を申し立てることは控える。ただし、部下の私生活に絡む特別な事情や、仕事上どうしてもやむを得ない場合は人事部門に交渉する（支店在任期間中、何度も起きることではない）。

・部下の希望があり、強みが活かせる部署への異動が実現するか否かは、支店長の力量の差に他ならない。日頃から、人事部門と希望部署へ、部下の強みや希望について情報提供しておくとよい（支店長が、部下の異動先を人事部門に願い出ることについては金融機関によってルールが異なるため一概にはいえないことに留意）。

また、店内の係替えには以下のような留意点があります。

・本人の前向きな希望は、極力叶える。特に、公募制度への挑戦や、女性が法人営業や融資業務への係替えを申し出た時には、多少の無理をしても希望を叶えたい。

・出張所を抱える支店では、営業部門の経験が長い役職者を順次出張所に配置し、管理業務の経験を積ませる。必ず将来役に立つ。

（2）人事評価

　人事評価は、支店長の仕事の中でも最も重要な事項です。

　タイミングによっては、支店長の最終評価で部下の将来が決まることもあり、支店長の人を評価する権限には評価者責任が伴うことを肝に銘じなければなりません。私が1番懸念したのは、安易な甘い評価の弊害でした。その責任から、正しい評価を行うことが大前提です。

　また、人事評価では、評価とともにフィードバック面談が重要です。

▶ フィードバック面談
評価後に、人事評価の結果や内容について、評価者がマンツーマンで部下に向けて説明する面談。

評価者には、「Aさんの良いところはここ。Aさんの改善してほしいところはここ。そのため、今回はこのような評価になった」と部下に具体的に説明する説明責任が問われます。金融機関によっては、納得できない評価について「異議申立て制度」を設けているところもあります。

　一般的に、フィードバック面談は1次考課者である直属の上司が実施する場合もありますが、最終評価者の支店長は、説明責任が果たされているか、部下はその評価に納得しているかを確認し、無用な紛争に至ることのないよう注意が必要です（人事評価およびフィードバック面談の方法について本章3の3（3）参照）。

（3）人材育成

　自立型の人材を育成することは、支店長にとって喫緊の課題です。営業の現場で人を育てるためには、一人ひとりの強みに着目したうえで、OJTを活用しながらストレッチな仕事経験を積んでいくことが1番の育成方法です。しかし、現状ではOJTが形骸化しつつあり、人の育成が難しくなっています。

　そこで人材育成における支店長の役割は、直接部下の育成にあたるだけではなく、人材育成にかける本気の情熱を発信し、それを支店全体に伝播させるとともに、支店全体が互いの成長を支援し合う環境を作りあげることです（人材育成について第4章参照）。

（4）労務管理

　支店長の労務管理とは、時間管理、ハラスメントの防止、メンタルヘルス、パートタイマーの雇用契約等があります。支店長は早期に労務管理の知識を身につけ、問題の未然防止を図ることと、不幸にも問題が発生した時にはその問題が大きくならないように迅速かつ冷静な対処が必要です。

　ここでは、時間管理とハラスメントの防止について解説します。

① **時間管理**

　時間管理については、1日8時間、週40時間以内の勤務を原則とします。これを超える勤務があれば、法定の割増をつけた時間外勤務代金の支給をしますが、サービス残業が発生していないかを管理する必要があります。違法行為は、たとえついうっかりでも組織の管理責任を問われ、組織全体に大きな影響を及ぼすことになります。

　労働基準法や三六協定等の内容を把握しておきましょう。

② **ハラスメントの防止**

　2020年6月1日、「労働施策の総合的な推進並びに労働者の雇用の安定及び職業生活の充実等に関する法律」の改正法（以下、「パワハラ防止法」という）が施行されました（一定の中小企業につき2022年3月31日までは努力義務）。パワハラおよびセクシュアル・ハラスメント、妊娠・出産・育児休業等に関するハラスメント等に関して、企業には雇用上必要な措置を講じることが義務づけられました。

　ハラスメントは、受けた側の受け取り方が大きく影響しますが、ハラスメントが起きる要因は、ハラスメントに対する行職員の認識不足にあるともいえます。

　その中でも、支店長の言動は、自身が認識する以上に部下の心理に影響を及ぼすものと理解し、支店長自身の部下への叱咤激励が行き過ぎていないか、女性の部下への言動で不愉快な想いをしている部下がいないか等を振り返る必要があります。

　また、部下の中にも「これくらい大丈夫だろう」と、ハラスメントへの認識の甘い部下がいる可能性があります。そのような部下は、普段から規律を守らない、発言が豪快等、日頃の言動を見ていればその兆候が見受けられます。

　支店長は日頃からハラスメント防止に関心を寄せ、部下とハラスメント事例をシェアすることが欠かせません。それを題材に話し合うとともに、少しでもハラスメントに抵触するような言動のある部下に対しては

厳しく注意し、支店全体にハラスメントを容認しない空気感を高めておきます。

　また、残念ながらハラスメントが起きてしまった場合、被害を受けた行職員は支店内の信頼のおける人物に相談するか、人事の相談窓口へ直接相談できる旨を徹底し、隠ぺいや泣き寝入りのない体制整備を行うべきです。

4 緊張感が必須の業務管理

　業務管理には大きく分けて、営業部門と内部事務部門があり、直接の業務管理は各担当役席者に任せます。支店長は各部門の着眼点や管理方法を理解したうえで、適度な緊張感の中で適切に運営されているか、成果があがっている等を確認しながら、ポイントをついた関与を行います。

（1）営業部門
　営業部門の業務管理には、以下のような着眼点があります。
〈目標管理〉
・自行の目標管理（MBO・OKR など）の手法とその目的を十分理解する。
・目標は明確な根拠とともにメンバーに提示する。たとえその目標が本部から割り当てられたものであっても、その根拠と意義を言語化して伝える。
・「全員営業」を基本とする。各人の能力や業務の習熟度と育成を勘案し、それぞれに相応しいストレッチ目標を明示する。なお、過大な目標設定は、メンバーを追い詰めたり、負け癖を付ける要因となったりする。
・明示した目標について、本人の意向を聴きながら十分に話し合い、本人が納得したうえでその責任を共有する。本人が自らやりたいと思うことが重要。逆にノルマと捉えている間は、達成意欲に欠ける懸念があるので注意する。
・期中には、定例的に、目標の達成状況や推進のプロセスにおける課題

や悩み等を聴いたり、相談にのったりする場を設け、育成の機会とする。

〈推進管理〉

・法人営業や個人営業における目標の進捗状況や達成状況は、日次・週次・月次で管理する。その計数管理はリーダーに任せる。その結果は、毎日決まった時間に支店長に集まる仕組みをつくる。目標との大きな乖離があればその要因を明らかにし、直ちに対策を講じることができるように体制を整えておく。

・安心・安全・ポジティブに報告・連絡・相談ができる環境作りを怠らない。常に、営業活動の実態や部下の意見が入手できるようにする。その情報から達成予測を立てることができる。

・定例的な案件会議をフル活用する。全体の案件把握と若手行職員の育成を図る機会とする。

・案件は、企業支援や地域経済への貢献ストーリーを描き、刈り取りだけに注力することがないよう地域金融機関のミッションをもって部下を導く。

・法人営業、個人営業にかかわらず同行訪問を心がける。部下の努力に感謝し、チャレンジに学ぶとともに、黒子となって部下の成功を後押しする。

（2）内部事務部門

　内部事務部門の業務管理には、以下のような着眼点があります。

〈融資業務管理〉

・不芳先の管理は融資担当者だけに任せず、いつでも担当者の報告・相談を受ける姿勢をみせる。融資担当者の仕事は後ろ向きで地味な仕事も多く、コツコツやり続けることに対する支店長からの関心・感謝がやりがいに繋がる。

・融資の現物検査は正確・慎重に行う。預かり物件の管理がずさんな場

合、期限切れや紛失等で取引先に多大な迷惑をかけ、信頼を失う可能性があると心得る。

・未完の債権書類の有無も上記と同様。融資の未完の債権書類等が長い期間放置されていることは、将来の債権回収（保証協会の代位弁済等）に禍根を残すおそれがある。これらの放置があれば役席者を厳しく注意するとともに、その整備にまで関心を寄せることが必要。

〈窓口・後方事務管理〉

・支店長自ら店頭営業とCSに関心を寄せる。時間の長短にかかわらず毎日営業時間中にロビーに立ち、来店顧客とのリレーションを図る。また、お客様に楽しんでいただける仕掛け（CS推進）や店頭の備品、ポスターの状態にも気を配る。

・預かり資産をはじめとする個人営業において、エリアマーケティングに則した店頭体制を構築するとともに、行職員の提案力を向上させ、競合他行に抜きん出た店頭営業を実現する。

・事務管理の堅確化と効率化の水準を安定させる。また、事務ミスやトラブルの対応は、スピードを重視し、再発未然防止策を講じる。

・パートタイマーの業務の互換性を重視し、1人3役体制を目指す。特に、ハイカウンターテラーは、パートタイマーの業務として定着させ、行職員の営業のサポートを図る。

・窓口業務と後方事務は、AI化の進展により早期に省力化が推進され、業務体制の変化が予想される。担当役席と情報共有を密に行い、スムーズな移行を実現させる。

5 収益管理

適正な収益基盤を確保するためには、目標管理を適正に行うとともに、自店を常に収益の上がる体質に改善することが必要です。支店の収益管理において重要な項目は、資金利益、役務取引等利益、経費、管理利益の4項目です。

・資金利益は平残とスプレッドから生まれる収益。月初に還元される帳
　票から、自店と全店や管内店の利回りや1人あたりの効率等の比較検
　討を行い、改善すべき項目を見つけ対策を立てる。

・例えば、取引先の債務者区分のランクアップは、資金利益増加の要因
　であり、取引先の経営改善等を営業戦略に繋げる。

・役務取引等利益の管理は、月次決算表や内訳表などにより、計画を下
　回ることがないか、また、手数料などの減免先の取引採算をチェック
　する等、見直しを行う。

・経費管理は、経費の削減と見直しを行う。経費削減は具体的目標を掲
　げると同時に、支店長自らが実践する。

・人件費は時間外労働の削減だけでなく、支店が適正な人員で構成され
　ているかを確認し、時には減員を試みる。

6 未然防止策が大切なリスク管理

　支店経営において、リスク管理の対象は多岐にわたります。一旦事故
が発生すると多大な信用失墜が起こり、その回復には時間と労力がかか
ります。よって、支店長は常に事故や不祥事を想定し未然防止策を講じ
ることが肝要です。

　ここでは、不祥事、自然災害、コンプライアンスの3項目のリスク管
理について取り上げます。

(1) 不祥事

　不祥事が起きるのは、不祥事が起きるだけの環境、つまり隙があるか
らです。例えば、現物検査を部下に任せたり、抜き打ち検査を事前予告
する等、検査本来の目的から外れ、作業を行う支店長は隙だらけといえ
るでしょう。

　また、今でも行職員による横領事案が後を絶ちませんが、長期間、係
替えをせず任せ過ぎることは行職員の緊張感を緩める要因といえます。

さらに、今増加している若手行職員の不祥事は、コミュニケーション不足が原因の１つといえます。不祥事を起こさせない環境作りは支店長の責務です。

この点について、私は、部下への牽制を兼ねて、渉外担当先に１人で訪問していました。取次票などの取扱いの確認だけでなく、渉外担当者の評判や仕事振りを垣間見ることができます。また、取引先とのリレーションが強化されることで部下も喜び、有効な活動となっていました。

（２）自然災害

日本は、自然災害に見舞われるリスクが多く、また最近では災害が発生すると被害が甚大になっています。そこで支店長は、災害からお客様や行職員、そして店舗を守るため、また、営業できるように様々な対策を講じる必要があります。

私が支店長として赴任する際、最初に自然災害リスクを確認し、以下のことを確認しておきました。

・自然災害が起こった際に、支店に出勤できる役席者や行職員の把握
・通勤が困難と予想される場合の宿泊場所（ホテル）の確認
・行職員全員の緊急連絡網の整備
・緊急避難場所とその道筋の確認
・建物の亀裂等の確認や修繕と、土嚢、車のチェーンやスタッドレスタイヤの準備

着任した支店の中には、通勤時間が２時間程度かかるところがありました。そこで、前日に積雪や大雨の予報が出ると、必ずホテルに宿泊するとともに通勤可能な役席者や行職員を確認しました。店舗開閉や金庫開閉鍵を持ち帰る役席者の人選にも注意が必要です。また、定められた緊急避難場所への道筋が危険だと判断し、避難場所を変更したこともあります。

人命第一は当然ですが、「店が開かない」ことは絶対に起こしてはな

らない人災事故と心得て、自店の自然災害リスクとその対応策は明確にすべきです。

（3）コンプライアンス

　私は、重大なコンプライアンス抵触事案を、連続して２回発生させたことがあります。常日頃から未然防止策を徹底していたのになぜ不注意で事故を起こすのかと、苦しく情けない気持ちで一杯でしたが、当然、責任のすべては支店長である私にあります。

　対応策を決断するのに一晩かかりましたが、事故そのものの影響度、顧客の信用等を勘案し、最終的に自身の直感を信じました。それが奏功し、銀行やお客様に大きな迷惑をかけることはありませんでした。しかし、コンプライアンス事案の対応策を誤ると、銀行の信用を失墜することになりかねません。

　また、個々の事案の発生原因はわかっていても、連続して起きた理由について、いまだ納得できる答えは出ていません。もしかしたら、支店長である私の気の緩みが部下に伝播したのかもしれません。

　現在、ますます法規制が厳しくなり、それに伴って業務遂行にも時間がかかるようになりました。リスク管理には厳しさも必要と心得てください。

第1章

第2章

第3章

第4章

第5章

3

マネジメントの基本と留意点

───マネジメントの目的は組織で成果をあげること。
　　ポイントは支店長の姿勢と人の活かし方。

　マネジメントに正解はありません。なぜなら、その時々の環境や出来事、関わる人に応じて打つ手は異なるからです。そのなかで成果を収めるのがマネジメントです。つまり、日々問題解決の連続であるといえます。

　一方で、マネジメントに原理原則が存在するのも事実であり、それを学んでおく必要もあります。ピーター・F・ドラッカーは、「マネジメントは学ぶものであり、学ぶことで失敗を減少させ効率的な経営ができる」と説いています。

　さらに、リーダーシップの必要性も知っておく必要があります。否応なく変革を求められるこの時代において、単に定められた成果をあげるために従来型の支店経営を行うだけでは、組織が立ち行かなくなることは目に見えています。

　支店経営者として、現状に止まらず、今後益々変化する環境を見据えた変革を意識しなければなりません。そして支店をどこに導きたいのか、それがなぜ必要なのかを明確にし、支店メンバーの共感を得て、チームとしてともに協働するために、リーダーシップが必要不可欠です。

　マネジメントやリーダーシップについて体系的に学ぶには、ドラッカーの『マネジメント　務め、責任、実践Ⅰ～Ⅳ』やジョン・P・コッターの『リーダーシップ論』他、多くの書物がありますが、ここでは、マネジメントを学ぶうえで定番といえるドラッカーが示すマネジメントの役

割を整理するとともに、私のこれまでの経験を交えたマネジメントの留意点を紹介します。

1 ドラッカーが示すマネジメントの役割

マネジメントとは何かと改めて聞かれると、経営することや管理すること等、感覚的には理解しているつもりでも、明解に答えることは難しいものです。

「マネジメントの父」とよばれたドラッカーは「組織をして成果をあげさせるための道具・機能・機関である」と定義しています。そしてマネジメントの役割として次の3点を挙げています。

・組織の具体的な目的と使命を果たす
・業務の生産性を上げ、働き手に達成感を得させる
・社会への影響に対処し、社会的責任を果たす

それぞれの組織には使命や存在意義（ミッション）があります。それを果たすことでお客様や社会に貢献でき、仕事をやりがいのあるものにします。そして、その仕事を通じて組織やお客様に貢献できる人を育成し、その人々の幸福実現にも寄与します。さらには、それらを通じて企業の社会的責任を果たします。

そのなかで、マネージャーは「組織の成果に責任をもつ者」と定義されています。その役割は、投入した資源の総和よりも大きなものを生み出す生産体制を創造することです。つまり、チームが協働して、1＋1を2にするのではなく、3や5の大きな成果をあげる組織や体制を構築しなければなりません。

その役割を果たすために、マネージャーは次の5つの仕事をしています。
①組織の目標を設定する
②組織を作る
③組織内の部下の動機づけやコミュニケーションを図る

④部下を評価する

⑤評価を基に部下を育成する

　支店経営者の仕事が難しいのは、部下を通じて成果をあげなければならないことです。まさに人を活かしていくことが支店経営者の役割といえます。

　さらにドラッカーは、マネージャーの１つの役割を「あらゆる決定と行動において、直ちに必要とされているものと遠い将来に必要とされるものを調和させていくこと」としています。つまり、時間軸という側面があり、現在と将来、短期と長期の両方を視野にいれなくてはならないということです。これは、近視眼的に今やるべきことだけに意識を向け、行動するのではなく、中長期的な将来を見据え、思考し、難しい選択の意思決定をしていくことを求めています。この役割こそ、これからの支店経営の行方を分けることが予想されます。なぜなら経営者とは、将来にわたり成果のあがる仕組みを作ること、人を育てることが役割の本質だからです。

　これらを前提に、金融機関の支店経営者がマネジメントの役割を果たす際のポイントと留意点をみてみましょう。

2 成果をあげる

　支店長になると、ほとんどの場合、同規模・同形態の店舗間での業績表彰レースに参加し、１位を狙うことになります。私はそれが悪いことだとか嫌だとか思ったことは１度もありません。むしろ支店長の重要な責務である成果をあげるために、このレースを活用するべきだと考えます。

　「業績表彰で１位をとる」という、単純で明解な目標の提示は、営業推進に向かう支店メンバー全員の一体感や、やる気の醸成に繋がるだけでなく、支店長自身の挑戦意欲を掻き立てます。

　業績表彰基準を達成するためには、定められた目標に何％かを上乗せ

し、支店の必達目標とするとよいでしょう。何かの事情で支店の必達目標に届かなくても、本部から課せられた目標は100%達成できる確率が高くなるからです。

　また、支店経営者は、支店メンバー全員の意識を統一する必要があります。支店メンバーに支店の使命と存在意義（ミッション）、テリトリーのお客様から求められる支店の「あるべき姿（ビジョン）」を語り、部下の共感を得ます。そのうえで「あるべき姿」と現状との乖離を提示し、解決のためのアイデアや意見を求めることで徐々にメンバーのオーナーシップが醸成されていきます。

　オーナーシップとは「任された仕事を主体的にかつ能動的に取り組むこと」です。つまり、自身の仕事に自立的に取り組むことを指します。

　私が支店経営を担当した4ヵ店は、店質やマーケットの特性によってその内容は異なりましたが、どの支店もメンバーから生まれる戦術（アイデア）と工夫、そして営業目標へのこだわりがありました。

　あれから時代が変わっていることは承知しています。しかし、効率を求められる現在の支店経営においても、支店は"営業する場所"である以上、また徐々に非対面での営業にシフトされる可能性が高いことを見据え、お客様に対面の特別感を感じていただける戦略や戦術が必要であることに変わりありません。

　環境変化とマーケットの特性に沿った営業体制を構築し、行職員やパートタイマー、契約社員それぞれがオーナーシップをもって自身の強みを発揮し、チームの一員として協働し続けた結果、業績表彰1位がとれたならば素晴らしいことです。

　ドラッカーが提唱するマネージャーのもう1つの役割「投入した資源の総和よりも大きなものを生み出す生産体制を創造する」とは、金融機関の支店でいえば、上記のように理解できるでしょう。

（1）業績表彰にこだわる落とし穴

　ここで業績表彰にこだわることで陥るリスクについて、考えてみましょう。あなたが支店長だったとして、何のために業績表彰にこだわるでしょうか。

・支店収益を向上させるため
・目標は達成するためにあるから
・支店内の志気を高めるため
・支店長個人の評価に繋がるから
・部下に少しでもよい賞与の配分をしたいから
・部下の育成のため

　どれも、間違いでも悪いことでもありません。また、この中の1つを選ぶほど単純なものではないと思います。

　私が講師を担当する研修の受講者から、「支店長は自分の出世のために業績を上げようとしている」「支店長は本部ばかりをみている」というような話を聞くことがあります。支店長自身が経営層や組織から高い評価を得ることは、悪いことではありません。成果をあげることが支店長の重要な職務の1つなら、その評価を受けるのは当然でしょう。

　もっとも、それだけのために1位をとろうとする支店長はいないでしょうが、少なくとも部下に誤解されるような言動は慎まなければなりません。「自身のために賞取りレースに固守している」と思われては、部下のモチベーションは大きく低下します。

　また、1位をとろうとするあまりに、将来に禍根を残すことが懸念される融資案件やコンプライアンス抵触すれすれの案件にも手を染める、また、部下に厳しくあたり精神的に追い込んでしまう等のことは絶対にあってはなりません。

　部下は、支店長の仕事に対するあり方や仕事に向かう姿勢に大きな影響を受けます。支店長は、尊敬する支店長であり続ける必要があるのです。

　ここで、ある金融機関で聞いた支店長の失敗事例を紹介します。

◇Voice ┃ 業績を追い求めた失敗① （銀行・支店長Aの例）

　支店長Aは、大型店の支店長を拝命しました。法人営業に長けた優秀な支店長で、この支店でも業績表彰1位を獲得することにこだわり、「これくらいはできるはずだ」「なぜできないんだ」と部下を厳しく指導しました。そして、支店内の空気は重苦しく、支店長と次席が退行するまでは話し声も聞こえず口を噤むようになりました。

　ある日、役員が支店を訪問した時のことです。役員に過剰に気を使う支店長の姿を見た部下は、「支店長は役員には態度が違う。次のポジションを狙うために業績を上げろと言っている」「上ばかりをみている」等と陰で言いはじめました。

　早速そのことは別の店舗の支店長の耳にも入り、その支店長からそれとなく注意をしたようです。

◇Voice ┃ 業績を追い求めた失敗② （銀行・支店長Bの例）

　支店長Bは毎期表彰を受けている支店に着任しました。着任した支店では多くの案件が実行され、融資量は増加していました。ところが、リーマンショックが起きた頃から、返済が滞る取引先が増加しました。要因を調べてみると、肩代わり融資によるメイン化推進や設備投資資金の推進等が間接的に取引先の資金繰り圧迫に繋がっていました。

　部下は、尊敬できる上司を望んでいます。

　支店長との間に信頼関係があり、部下自身の仕事が社会やお客様の役に立つといった、共感や納得ができる理由があれば、支店長とともにその達成に向けて力を尽くせるものです。

　一方で、度が過ぎた指導は、たとえ部下への愛情があってもパワハラでしかありません。よく、「部下は支店長を3日で見抜く」といわれます。部下からみえる自分の姿とその影響力を意識し、常に言動を省みることが必要です。

（2）支店長の目線

　支店長が営業に注力し過ぎると、内部への関与が疎かになることがあります。また、管理を役席者に任せる場合、任せ過ぎると思わぬ落とし穴にはまることがあります。

　では、融資・渉外担当役席と比べて、内部担当役席との会話はどれくらいの頻度で行えばよいのでしょうか。

　融資・渉外担当役席と支店長は、融資やソリューション案件等の報告や相談を頻繁に行っているでしょう。その中には前向きな報告も多く、支店長との距離は自ずと近くなります。

　一方、内部担当役席が支店長へ報告・相談する内容は、その多くが事務ミスやトラブル等で、あまり歓迎される話ではありません。何事もなく業務が終了すれば、内部担当役席と支店長が話す機会は朝夕の挨拶くらいになり、いずれにしても両者間の信頼関係は築きにくくなるものです。

　その弊害は、内部担当役席から店内外の悪い報告が入らなくなることや、すべてに緊張感がなくなり仕事の精度が低下することです。その結果、様々なリスクが生じる懸念があります。

　また、部下にもその関係性は伝わり、係の間で壁ができたり、支店の一体感が生まれにくくなることが考えられます。

　そこで、毎日意識的に内部担当役席へ「今日はどうだった？」「忙しかったのではないか？」等、横に座り目線を合わせて話しかけてみるのも一案です。良い意味で緊張感が持続されると同時に、しだいに信頼関係が構築され、言い出しにくい報告や相談のみならず、思いも寄らぬ提案があるかもしれません。周りの部下もその姿を見て仕事に張りがでることでしょう。

　また、任せることは必要ですが、任せ過ぎは禁物です。任せ過ぎると、任せられた役席者の緊張感はしだいに低下し、管理に手抜きや漏れが生じます。

　営業推進で成果をあげることは支店長の重要な責務ですが、内部管理

もまた重要な仕事です。支店長自らが、抜き打ち検査をしたり、重要管理物や現物のチェックを行うと同時に、常に計数報告や情報が集まる仕組みや、躊躇なく悪い報告や相談ができるような信頼関係を構築することが必要です。

支店長には、全体観とバランスのある目線が求められているのです。

3 人を活かす

組織の中で成果をあげるためには、部下を育成し、その力を最大限に発揮させることに尽きます。

しかし、人は思うように動いてくれません。支店長の期待どおりの成果をあげられない部下もいます。すると、「うちの行員は能力が低い」「やる気がない」等部下の悪口を言う支店長や、口に出さないまでもそのように考えている支店長は、部下に仕事を任せておけず、指示や命令中心のマネジメントを行う傾向にあります。細かく言われた部下は、ますますやる気を失くし、言われたことだけをこなすようになります。

やがて部下は、仕事を通じて自身の成長や働く喜び、幸せを感じることを諦めて離職するかもしれません。また、離職をしないまでも作業のように仕事をこなし、仕事の精度や質を低下させていくことでしょう。

上司は、部下の成長を信じ抜き育成に力を注ぐと同時に、部下のモチベーションを上げるために日々様々なマネジメントが要求されます。

それらを踏まえ、ここでは「部下のエンゲージメントを高める」「仕事を任せる」「人事評価とフィードバック」の3点について考察します。

（1）部下のエンゲージメントを高める

最近では、社員と上司の信頼関係を構築するとともに、社員のエンゲージメントを高めることの必要性が注目され、多くの企業がその取組みを進めています。

第1章 第2章 第3章 第4章 第5章

　一昔前は、終身雇用を前提にした従業員の企業へのロイヤリティがありました。この会社に勤め、会社の求める要求を満たせばしだいに職位は上がり、定年まで給与は担保されるため、安心して働くことができました。

　ところが、バブル崩壊を経てリーマンショック以降、日本の終身雇用は脆くも崩れ去りました。成果主義が取り入れられた頃から、組織に対してのロイヤリティを感じられなくなり、働く側は何をよりどころに働けばよいかがわからなくなりました。もちろん、給与や休暇等の労働条件は働く動機の１つです。しかし、今や、企業の将来に不安を抱えて就労する状況にあり、働く人々の価値観も多様化する時代です。労働条件を整えるだけで雇用を継続することは難しいでしょう。

　社員のエンゲージメントの視点から考えると、企業の使命や存在意義（ミッション）や目指すもの（ビジョン）に社員が共感し、その達成に向けて行動することで、社員のやりがいや成長を叶えます。

　さらに自分自身の仕事に誇りをもち、仕事へのモチベーションを高め、自立的に仕事を取り組むようになります。企業は金銭的な報酬だけでなく、社員の成長や働きやすさ等を支援することで愛社精神は増し、仲間との関係性も強まり、それが組織文化として根づいていきます。

　これを支店経営に置き換えると、支店長は部下との信頼関係を構築するだけでなく、経営方針（ミッション）や向かうべき方向（ビジョン）を明確に示し、部下の共感を得ることから始めるべきといえます。

　部下はただ仕事をするだけでなく、支店長が目指す方向にともに向かおうとすれば、しだいに自主性を発揮し、諦めることなく成果をあげていくでしょう。

また、支店内の仲間との人間関係を良好にすることも非常に重要で、コミュニケーションを活性化させることが不可欠です。

エンゲージメントとは、組織と個人がともに成長するための相互関係にあるといえます。

（2）仕事を任せる

管理職の多くは、多岐にわたる業務に追われ、本来の役割であるマネジメントが完遂できない状態に陥っているようです。しかし、仕事の成果をあげるためには、管理職は追われるほどの業務を抱えることなく、部下に仕事を任せることが必要になります。「任せる」ことで時間管理が改善し、管理職が本来あたるべき「緊急性は低いが重要度の高い仕事」（例えば、より成果をあげるための課題解決等）に向かうことが可能になります（本章4の2（1）参照）。また、「任せる」ことで部下を育成することができるのです。

上司から仕事を「任された」部下は、上司から「認められた」と感じ、モチベーションを上げていきます。そして、任された仕事を主体的に責任をもって取り組むことで、いつの間にか成長します。これは、皆さんにも経験のあるところでしょう。

〈部下に任せられない上司〉

管理職の多くは「部下に仕事を任せられない」と、時には部下の仕事までも抱え込みさらに状態を悪くしているようです。

私がよく研修等で聞く「部下に仕事を任せられない理由」には、次のようなものがあります。

◇Voice│**部下に仕事を任せられない理由**（部下をもつ方）

・部下に任せて芳しい成果が得られないと困る
・仕事を教える時間がない
・部下が忙しそうで任せられない
・自分でやったほうが早い

・任せ方がわからない

・任せられる水準まで成長していない

　上記の意見をみると、任せたほうがよいことはわかっていながらも、様々な理由で任せられないようです。しかし、このままでよいはずもありません。管理職が役割に即した仕事を行うためには、仕事を任せて部下の育成を図り、自らは組織の成果をあげることに力を注ぐことが必要となります。

　「まだ任せるわけにはいかない」とか「忙しそうで任せられない」と理由をつけて、先延ばしにしていると、いつまで経っても任せることはできません。まずは「任せてみる」ことから始めてみましょう。無理な状況を乗り越えることから人は成長し、その達成感が仕事を面白くします。

　人は、任されるからできるようになるのです。

〈部下の仕事に口出しする上司〉

　よく、「任せた」と言いながら、部下の仕事に口出しをする上司がいます。特に、上司の得意分野を任せるときには、アドバイスと称した指示を出す可能性が高くなります。

　またそれが、マイクロ・マネジメント（過干渉）ともなれば、部下は自身の考えや手順をとおすことが難しくなり、しだいに諦め、考えることをやめてすべてを上司に依存するようになります。部下の仕事への口出しは、部下の意欲や主体性を阻害します。

> ▶ マイクロ・マネジメント（過干渉）
> 　任せた後にする口出しが過剰になり、結果を出すまでの手順を細かく指示したり経過報告を求めすぎたりすること。

◇In my case 理想を求めてマイクロ・マネジメントに

　人材育成の仕事を担当して14年目、当時、私は研修所長でした。中期経営計画の重要施策の1つであるプロジェクトの準備を進めていた時のことです。このプロジェクトは、支店長時代から構想していたもので、思い入れの強い施策でした。

　プロジェクトの主担当者は、手探りながらも、全店で施行するプロジェクトに必要な膨大な資料やツールを作成してくれました。

　にもかかわらず、人材育成の業務歴が長い私は、少しでも理想に近づきたいと、何度もその資料やツールの変更を求めてしまいました。すると、担当者はしだいにやる気を失くし、ついに私に反論するようになりました。それでも「全店で使用するツールや資料に妥協はできない」と主張する私との間で、険悪な雰囲気が漂っていました。そのような関係性のなかで、部下が仕事に注力できるはずもありません。結果として、そのプロジェクトは担当者のおかげで一定の成果は得られましたが、部下のやる気を削いでしまい、その関係性も崩れていきました。

　この失敗事例のとおり、上司の得意分野を部下に任せる時には、意識して口出しを控える覚悟が必要です。よりよい成果を得たいがために、自分と同等、もしくはそれ以上のレベルを求め、どうしても口を出したくなるものです。しかし、部下は重箱の隅をつつかれているような感覚をもち、意欲を失くしてしまいます。

　任せる時に、成果物の具体的な到達レベルや期限、報告のタイミング等を明確に伝えておけば、互いに余計なストレスを感じることもなくなり、上司は部下にフィードバックを行い、部下は上司にアドバイスや支援を求めるようになるでしょう。

（3）人事評価とフィードバック

　人事評価は、部下のモチベーションやモラール（士気・風紀）の向上や適材適所の判断材料、職能資格制度における役割期待の明確化の他、

多岐にわたる機能があります。最終的には組織運営に活用する目的で行われます。人事評価には、絶対評価や相対評価等の考え方や、総合評価と分析評価の2つの手法、評価の考え方や評価時のバイアス等、学んでおくべき基礎知識が存在します。それらを基に、正しい評価を行うことが大前提となります。

また人事評価では、評価後に人事評価の結果や内容について、評価者がマンツーマンで部下に向けて説明する「フィードバック面談」が重要な役割を負っています。

人事評価は人が行うもので、完璧なものは存在しないといっても過言ではないでしょう。特に2〜3年に1度のペースで異動する金融機関の行職員は、常に異なる上司から評価を受け、管理職は多くの部下を評価することになります。そこには、評価者の主観や価値観によっては評価バイアスが生じやすいといわれます。

そこで、支店長にありがちな甘い評価の弊害と、部下を育成するフィードバックの留意点について、考えてみましょう。

〈甘い評価の弊害〉

部下の過去の評価の中には、本人の実力以上のいかにも甘い評価が存在します。1度甘い評価を受けると、部下はそれが適正な評価であると思い込み、次に評価をする支店長がその思い込みを是正することが難しくなります。

部下の将来のためには、適正な評価に戻す必要がありますが、部下の納得を得られるかどうかがこの場合の鍵となります。納得が得られない場合は、部下のモチベーションは下がり、仕事に影響を及ぼすこともあり、組織運営にも影響が出てしまいます。

このような場合、私は、辛い選択ですが次の昇格に影響のない時期を見極め、1度適正な評価に戻すようにしていました。多くの場合、このままではいずれどこかのタイミングで評価を下げられる可能性が高く、そのことが部下の将来に悪影響を及ぼすことのないようにと考えてのこ

とです。その際には、十分に時間をかけて部下へのフィードバックを行い、今後への期待を話し合って、能力向上に向かわせてきました。

それでは、なぜ甘い評価をしてしまうのでしょうか。

要因の１つには、評価時のバイアスで結果として甘い評価に繋がるケースがあります。また、部下の功績を高い評価で報いようとする支店長もいるようで、私の知る限りでは後者のケースが多いように感じています。一時的な感情で誤った評価をすることは、結果的に部下の成長を妨げます。

いずれにしても、評価者として「部下の成長を支援すること」と「冷静かつ適正に評価すること」ができているかを自問自答しながら、適正な人事評価にあたることが求められます。

〈部下を育成するフィードバックの留意点〉

人事評価の機能の１つに、部下の育成があります。評価結果を部下にフィードバックしなければ、部下の育成に繋がることはありません。フィードバックは、すべての被考課者に、良い点も悪い点も率直にかつ具体的に伝えることでその効果が発揮されます。

また、人事考課のフィードバックは、できるだけ支店長自らが行うべきものであり、評価内容を自らの信念をもって伝えることで、部下の行職員の成長に繋げることができます。

一般的に、若手から中堅の行職員や、階層にかかわらず優秀な行職員へのフィードバックは、比較的行いやすく、ベテランの行職員や役席者へのフィードバックは特に慎重さと注意が必要であるといわれます。

しかし、相手にかかわらず適切ではないフィードバックは、相手のモチベーションを下げてしまう可能性があります。特に、ネガティブなフィードバックは、やり方を間違えると、パワハラとして就業意欲の低下やメンタル面の障害、離職に発展する可能性まで出てきます。

そこで、以下のようなフィードバックの際に留意すべき点を押さえておかなければなりません。

第1章

第2章

第3章

第4章

第5章

・その1　相手に真剣に向き合っているか

　部下の目をそらさず、真剣に向き合うことで、相手も真剣に聞こうとします。特に人事評価の結果は部下の最大の関心事です。ネガティブなフィードバックをするときには、評価責任者として、時間に余裕をもち、部下が納得するまでしっかり向き合いましょう。部下が納得したかどうかは、部下の受け答えだけでなく、表情でも確認します。

・その2　事実を伝えられているか

　フィードバックでは、評価の根拠となった出来事等の事実を冷静に伝えますが、それには日頃からどのようなことがあったのかを収集しておくことが必要です。また、伝える際には、事実あったことを次の順に話すことが望まれます。

・いつ、どのような時に

・どのようなことがあった

・そのことでこのような影響があった

・最後にもし感情を伝えるなら、アイメッセージで伝える（「私は残念だ」「私は嬉しい」等、私（アイ）を主語にしたメッセージ）

　　【例】「あなたは、報告書の提出期限を守らないことがある。先月は2日、今月は4日遅れたね。その結果、取りまとめをしているAさんは残業して作業をすることになった。私としては残念だ」

・その3　部下の反応を確認しているか

　フィードバックをした後、部下はどのような反応をするでしょうか。言葉だけでなく、非言語で表された反応を見極めることが重要です。部下から反論があれば、じっくり聞きながら対処します。その時に必要なことは、部下の言い分を否定せずに一旦受け入れることです。

　一旦受け入れた後なら、部下も上司からの指導やアドバイスを受け入れやすくなります。

　　【例】「なるほど、あなたは報告物を作成するより、1件でも多く営業をしたほうが支店のためにはよいと思っていたんだね」

・その４　部下の成長をサポートできているか

　単に事実を伝えるだけでは、改善には繋がりません。そこで、ネガティブなフィードバックの場合は、なぜできなかったのかを探り、改善するための対策や実行計画を部下自身に考えさせるように促します。

　【例】「私としては、提出期限を守ってほしいと思っている。そこで、どうしたら期限内に提出できるのか考えてみようか」

・その５　期待を告げる

　クロージングでは、対策の確認をすると同時に、部下への期待を告げます。

　【例】「大きな業績を上げている〇〇さんだ。これが改善できれば、さらに皆からの信頼が増すよね。私にできることがあれば、支援するよ」

　フィードバックは、部下を育成するための有効な手段の１つです。また、部下の側も、ネガティブなフィードバックとポジティブなフィードバックの両方を欲しています。

4 プレイングマネージャーを演じ切る

―――プレイとマネジメントをバランスさせるコツは
　時間管理にあり。
　管理職はマネジメントで成果をあげるべし。

1 プレイングマネージャーの落とし穴

　支店長時代、「どれもこれも支店長自ら……。時間がいくらあっても足りない」と、本部各部署からの通達文を読みながら、つい愚痴を言ったことを思い出します。その状況は今でも変わりなく、現職の支店長からも同じような悩みを聞きます。

　バブル崩壊後、日本の管理職の役割は、マネージャーからプレイングマネージャーを求められるようになりました。

　プレイングマネージャーとは、「プレイヤー」としての個人の目標と、「マネージャー」として組織全体目標の達成の両方を担う立場のことです。では、金融機関の支店長にその役割は求められているのでしょうか。

(1) プレイングマネージャーのメリット・デメリット

　金融機関によっては、明確な個人目標が設定されている支店長もいるでしょう。個人目標はなくても、プレイングマネージャー的な役割を要求され、トップ外交に明け暮れざるを得ない支店長もいるでしょう。

　私はというと、渉外担当者の人数が十分に確保できないときや、他行メイン先でリレーションを強化したい取引先が数多くあるときには、渉外チームとの顧客の棲み分けを行いながら、単独で営業活動を行いまし

た。

　そのメリットとデメリットには、以下のものがあります。

〈メリット〉

・渉外活動について部下と共感し合えるため、一体感が醸成できる

・現場の状況に応じた提案等の動きを素早く講じることができる

・マーケットの環境変化がつかみやすい

・部下への OJT ができる　等

〈デメリット〉

・営業推進に力が入りすぎて、管理部門への関心が薄れる

・管理業務を任せ過ぎる

・渉外以外の部下の育成を図りにくい

・よくできる部下をライバル視してしまう

・緊急事態発生時の連絡がつきにくい　等

　現場に出る支店長は、これらを意識しながらプレイングマネージャーを演じることが必要です。

（2）支店長は代打で主砲は部下

　支店経営者は、過去に優れたプレイヤーであり、その功績を認められて支店長に昇進した方が多いと思います。熱意をもって営業推進に取り組めるのも、優秀なプレイヤーとしてやりがいのある仕事をした達成感と自信によるものでしょう。そのために管理業務より営業推進に力が入ってしまい、次席者に管理業務を任せきりになることもあるようです。

　また、自身が優秀だったことから、部下が未熟にみえてつい厳しい評価になることや、自分のやり方を押しつけるケースもあるようです。プロ野球において、一流のプレイヤーが一流の監督になりにくいのはそのためといわれています。

　金融機関のプレイングマネージャーにとっても、同じことがいえるでしょう。支店長の成功体験は支店長のものであり、よかれと思って部下

に押しつけても、部下の行動変容のヒントにはなるかもしれませんが、そのまま部下のものにはなり得ません。また、業務自体が多様で複雑になった今、そのやり方で成果があがるか、確信がもてません。

　もっとも、何も教えてはいけないというわけではありません。部下のレベルに合わせてフィードバックする、部下が聞いてくればやり方を教える等、押しつけではない育成を期待したいものです。

　さらに、部下の仕事だとわかっていながらつい手を出してしまったり、部下の仕事を抱え込んだことで時間にゆとりがなくなり、マネジメントができなくなる可能性があります。支店長は代打で、部下は主砲ではなくてはなりません。

　プレイングマネージャーを求める経営層も、マネージャーとプレイヤーのどちらをより重視しているかといえば、支店長には部下を育成しその力を結集して組織の成果を生む、マネージャーを期待していることは明らかです。

2　時間管理のスキル

　プレイングマネージャーとして成果をあげるために、必要なスキルを身につけるのも一案です。ここでは、時間管理のスキルとしてプライオリティ・マネジメント、エレファント・テクニック、クイックレスポンスを取り上げます。

（1）プライオリティ・マネジメント

　スティーブン・R・コヴィー博士の『７つの習慣』を例に挙げると、第３の習慣「最優先事項を優先する」を実践することこそが、最も効率よく成果をあげることに繋がります。

　ここでは、この考え方を参考に、プレイングマネージャーの「プライオリティ・マネジメント」を紹介します。

　プライオリティ・マネジメントとは、自分の行動に優先順位をつける

スキルで、「時間管理のマトリックス」を使って整理していきます。

　私たちが行動を決める時には、重要度・緊急度の2つで判断しています。緊急の仕事は、期限が近く突然目の前に現れるために、ほとんどの人がとりあえず手をつけてしまいます。例えば、携帯電話が鳴った、お客様が店頭で大声をあげている等、受動的な仕事が多くなります。一方、重要な仕事とは、結果に直結するものがほとんどで、支店経営者には外せないものになります。

　そこで、時間管理のマトリックスは、行動を緊急度と重要度の2つの軸で分類し、4領域で整理していきます（**図表3**）。

　私たちの日々の行動は、**図表3**のⅠ～Ⅳの領域に属します。

　直近の1週間であなたが実際に行動した仕事や活動を、この4領域に記入するとどのようになるでしょうか。また、どの領域の仕事や活動に

■**図表3　時間管理のマトリックス（プライオリティ・マネジメント）**

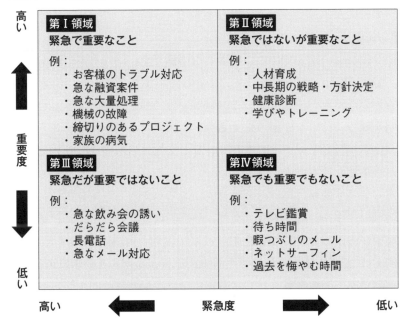

最も時間を割いていましたか？

〈第Ⅰ領域〉

　第Ⅰ領域は、緊急で重要な活動です。例えば、急ぎの運転資金の申込みがあった、期末が近いがまだ目標が達成できていない、店頭でお客様が怒鳴っている等は、緊急に対応しなくてはいけないし、結果も問われるといった活動になります。プレイングマネージャーのほとんどは、このような活動に追われて行動しているといっても過言ではありません。

　支店経営をしていると、毎日のように問題が起き、その問題が片付いたと思うとさらに大きな問題がやってくる、それを解決するとある種の満足感は得られますが、疲れ果ててしまいます。第Ⅱ領域に進むことはできなくなり、何となくネットサーフィンをしたり飲みに行ったりと、重要でも緊急でもない第Ⅳ領域に残りの時間を費やすことに繋がってしまうようです。

　実は、この第Ⅰ領域に時間を割くことは、プレイングマネージャーにとって時間が不足する原因になります。

〈第Ⅱ領域〉

　第Ⅱ領域は、緊急ではないが重要な活動です。

　「先週1週間、第Ⅱ領域にあてはまる仕事ができていない」と振り返る方も少なくないでしょう。この領域では、部下を育成する、中長期の戦略を練る、仕事を仕組み化する等、支店経営の根幹に関わることが多く、支店経営のミッションやビジョン、または目標達成のために取り組むべき重要な仕事です。

　そして第Ⅱ領域に掲げた、本質的にやるべきことをやり遂げれば、第Ⅰ領域の仕事や活動が少なくなり、時間的にも余裕が生まれ、結果として成果があがりやすくなります。

　例えば、部下の能力が低く営業推進の成果があがらない現状の問題に、管理職が部下の数字をカバーするために営業推進に時間を使ってその問題を解決したなら、翌期もその状態を続けることになります。しかし、

一時的に数字が落ちたとしても、育成に時間を使い部下を育てることができれば、支店長が率先して営業推進に注力することはなくなるでしょう。また、部下に仕事を任せることもできます。

　さらに、空いた時間で、一旦対処したトラブルや問題の原因を探り、再発防止のための抜本的なルールや仕組みを作れば、突然のトラブルも減少します。

　第Ⅱ領域と認識した、期日のある大きな仕事や長期間を要する仕事に手をつけず放置すると、やがて期日が近づき、第Ⅰ領域の緊急で重要な仕事に移っていきます。結果、その仕事は短期間では達成できなくなり、信用を失うかもしれません。そうでなくても、時間に追われて余裕のない仕事をすることになり、第Ⅱ領域の重要な仕事は手つかずのままになります。つまり、プレイングマネージャーがプレイヤーの役割を優先せざるを得なくなるということです。

　多くの人は、緊急性を優先して行動する「L字型の行動」をとります（**図表4**）。人の本能は緊急性に引っ張られます。「L字型の行動」では、第Ⅱ領域は後回しか先延ばしになります。しかし、効率的に仕事に取り組み、成果をあげていくマネージャーは、第Ⅱ領域の「緊急ではないが重要なこと」に意識を向け、より多く行動に移す、「Z字型の行動」を

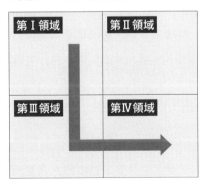

■図表4　L字型の行動

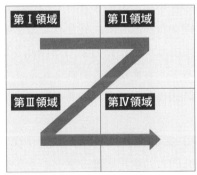

■図表5　Z字型の行動

選択しています（**図表5**）。

つまり、第Ⅱ領域の活動を優先し、しだいに第Ⅰ領域の活動を少なくすることで、時間に追われることなくプレイングマネージャーを演じていくことができるのです。

〈第Ⅲ領域〉

第Ⅲ領域は、緊急だが重要ではない活動です。研修で「1週間を振り返り、Ⅰ〜Ⅳの領域に仕事や活動を埋める」ワークをすると、ほとんどの受講者が第Ⅲ領域の仕事や活動は見あたらないようです。しかし、本当にそうでしょうか。

緊急性の高い仕事はすべて第Ⅰ領域の仕事だと思い込み、それに多くの時間を費やす人もいます。しかし、それらの仕事は自分にとって緊急ではなく、他者の仕事の優先順位からきているものも多数あると思われます。

いずれにしても第Ⅲ領域は、重要度が低い仕事です。そこには多くの時間を割くことなく、ポイントを押さえたら早めに終わりにしてしまうことも必要です。また、部下に任せてもよいでしょう。

〈第Ⅳ領域〉

第Ⅳ領域は、緊急性も重要性も認められない活動です。スマホを見ている、ネットサーフィンをしている、飲み会に参加している等が挙げられますが、それらにどれくらいの時間を使っているでしょうか。

第Ⅳ領域に時間を費やすことが悪いわけではありません。張り詰めた時間から解放され、好きなことをするのはストレス解消にも大切な時間です。しかし、だらだらと時間を過ごしてしまい、「しまった」と後悔することもあるかもしれません。

時間は有限です。時間を決めて楽しむのがよいでしょう。

（2）エレファント・テクニック

時間の効率化には、プライオリティ・マネジメントの実践が効果的で

すが、実際には、第Ⅱ領域の仕事を進めることは容易ではありません。そこで、エレファント・テクニックという考え方があります。これは、時間と動力のかかる大きな仕事を確実に進めていく手法です。

▶エレファント・テクニック

「ゾウを食べなさい」と言われたとして、大抵の人は、「そんな大きいものをどうやって……」と感じるが、小さく切って毎日少しずつ食べていけばいずれは食べることができる。どんなに大きな目標でも小さく切り分けると達成可能となることの例え。

第Ⅱ領域で取り上げた時間のかかる大きな仕事について、まずは案件の最終期日を設定し、その仕事を段階的なタスクのグループに分解します。そしてそのグループに分解されたタスクをさらに具体的なタスクに細分化し、それぞれに期日を設けて１週間ごとに第Ⅰ領域に移していきます。すると、第Ⅱ領域の大きなまたは長期間の重要な仕事を、着実に進めることができるというものです。つまり、「大きなゾウ」を細かくして食べていく、というものです。

具体的には、ガントチャートを使って案件の達成計画を立てます。細分化されたタスクは、予定どおり進まなくても修正は可能です。１度試してみてください。

（３）クイックレスポンス

プレイングマネージャーとして時間を有効に使うためには、クイックレスポンスを意識します。部下への回答やメール等の返信を先延ばしにしていると、色々な弊害を引き起こします。

素早い回答は次のようなメリットを引き寄せることができます。

・相手からの信用が高まる

・仕事自体を忘れない

・仕事が片付きストレスが軽減される

クイックレスポンスができない理由の多くは、回答を要する内容に対

して決断できないことでしょう。そこには「迷い」や「よりよい状況や答えを出したい」という気持ちがあります。しかし、一般的に回答を遅らせるほど熟慮が必要な事案はそれほど多くなく、実は行動と思考の癖（習慣）が影響しています。

たとえメールの返信でも、未完了のタスクを抱えることは自身のエネルギーを漏らすことに繋がり、日常の思考や行動の障害になり兼ねません。クイックレスポンスは待っている相手にとっても、同様にストレスを軽減できることとなります。

プレイングマネージャーには、たくさんのメリットがあります。支店経営者として、中長期的な視野をもち、プレイングマネージャーの落とし穴にはまることがないように、自分自身をマネジメントすることもまた大切です。

第2章

支店における
理念の必要性

1

いま求められる理念

――理念の浸透が必要な時代。
　支店長になったら明確なミッション、ビジョンを示し
　ワクワクと仕事をすべし。

　金融庁は、令和1（2019）事務年度、地方銀行の経営理念の点検を行うことを明らかにしました。2019年8月には、金融庁元長官の遠藤俊英氏の「現場が経営理念より営業ノルマを追いかけることに問題がある」という発言が日本経済新聞社のインタビュー記事に掲載されていました。

　特に、地域金融機関は、地域経済への貢献やお客様の幸せの実現を使命とし、ともに成長を続けてゆく存在であることは誰もが理解しているところです。しかし、マイナス金利の長期化や人口減少等で、地方銀行の収益環境は厳しいものになっています。金融庁は、厳しい営業ノルマを課せば行職員はお客様ニーズから離れた営業に走り、銀行自体の存続が危ぶまれると懸念しているのでしょう。

　他方で、金融機関で働く若手の行職員からは、厳しいノルマが課せられる業務に「自分の仕事はお客様の役に立っているのか」「何のために働いているのだろう」と思い悩む声を聞きます。彼らは、地域貢献を目的に営業活動を行い、達成感を味わいたいのです。

　営業現場で働く人々のやりがいを作ることができるのは支店長です。そこで、前述した「支店経営方針」（第1章2の2参照）の基礎となる“理念”について考えます。

1 支店の理念の必要性

　金融機関には、必ず理念や行動指針があります。

　表現の仕方や使用する文言は異なりますが、地域金融機関の理念は、
「地域社会や地域のお客様に向けた使命や役割」
「地域金融機関としての経営のあり方」
「行職員の行動のあり方」
等を表わしていることが多いようです。

　これらは、営利企業でありながら地域社会や広範囲におよぶステークホルダーへの貢献を目的とする地域金融機関特有のあり方を示しており、この理念に共感して入社した行職員は数多く存在するはずです。

　しかし、いざ支店で営業活動に携わると、厳しい営業目標を達成することを優先し、お客様の要望に思うように添えない状況等にジレンマを感じ、行職員自身が思い描く金融機関行職員としてのあるべき姿と乖離したものになっている可能性があります。

　その理由の1つは、金融機関本体が掲げた理念が、行職員が行う営業現場での日々の仕事の中に、具体的に落とし込まれていないことにあります。

　本書の冒頭に、「支店長とは組織全体でみるとミドルマネージャーの役割を担う」と述べましたが、支店長にとって重要度の高い仕事の1つは組織が示す理念を支店の仕事との関わりにブレイクダウンすることです。また、求められる役割は、支店の管轄するエリアの特性によって、それぞれ異なるはずです。

　そこで、金融機関本体の理念を基に、地域社会における支店の役割に即した理念を「支店経営方針」の中に掲げることが大切です。そうすることで、支店長自身は在任期間中に支店の繁栄のために、どんな想いで何をなすべきかを明らかにすることができます。また、支店経営の軸がブレることなく、戦略に沿って一つひとつの課題を解決することができ

ます。

　支店のメンバーは、割り当てられた営業目標や課せられた職務をただ
黙々とこなすだけでなく、支店長が示した支店の存在意義の目的（ミッ
ション）や向かうべき方向（ビジョン）に共感し、他のメンバーととも
にそこに向かおうとすれば、必ず仕事が面白くなります。そして、しだ
いに自主性を発揮して諦めることなく成果をあげていくでしょう。

2 理念を定める目的

　理念は、仕事に価値をもたせるものであり、仕事を面白くするもので
す。理念について、次のようなサンタクロースの話があります。

▶サンタクロースの仕事

　クリスマスイブの夜、サンタクロース達は、プレゼントの入った袋を背負
い、赤い服と帽子を身につけ、雪の中をトナカイとともに出かけていきます。
　ミッションをもったサンタクロースはこう言います。
　「寒いし、煙突に入るのは苦しいけれど、明日の朝、子どもたちがプレゼ
ントを見つけた時の笑顔がとても嬉しいからサンタクロースの仕事をしてい
る。だから全部配り終えた時には充実感があり、とても幸せな気持ちになる」
　ところが、ミッションをもたないサンタクロースはこう言います。
　「何でこんな仕事を選んだのか。寒いし辛い、給与も安くて割りに合わない、
二度とこんな仕事はしない。全部配り終えた時には疲労感しかない」
　サンタクロースのミッションとは何でしょうか。私は、「愛を届ける」
ことだと思います。皆さんなら、どちらのサンタクロースにプレゼント
を届けてもらいたいですか？
　昨今、マーケティングにおいても、人が商品を購入するときに「どん
な想いをもって仕事をしている企業や人から買うか」が重視されるよう
になったといわれていますが、納得できる話です。
　株式会社メルカリは、創業時から一貫して、社員は企業のミッション
に共感し、３つのバリューを体現する人材であることを重視していると

いいます。

・ミッション

　「新たな価値を生み出す世界的なマーケットプレイスを創る」

・３つのバリュー

　「Go Bold －大胆にやろう」

　「All for One －全ては成功のために」

　「Be a Pro －プロフェッショナルであれ」

　同社執行役員 CHRO 木下達夫氏は、「商品やサービスにはライフサイクルがあるが、根源的なミッションやバリューに共感して働いているのであれば、社員のモチベーションはプロダクトのライフサイクルに左右されることなく、挑戦することができる」と考え、組織の方向性そのものに共感できる人物であることを大切にしてきたと述べています。

　理念とは働く人に幸せとやりがいをもたらし、そこで働く人はお客様を幸せにします。

3 ミッション・ビジョン・バリューからなる理念

　理念と一言でいっても、企業理念、経営理念、クレドなど様々な呼び方と解釈がありますが、本書では、ミッション・ビジョン・バリューを合わせて「理念」と位置づけます。

（1）ミッション（Mission）

　組織活動において、最も重要なものがミッションです。組織の使命・目的や組織の存在意義そのもので、経営者が創業時に、起業して何を達成したいのか等の想いを言葉で表したものです。

　ミッションは、基本的には不変であり、企業が存続する限り追い続けるものであるといえます。支店経営者の場合は、支店に着任した時の想い、行内での役割と地域での役割を勘案し、支店長自身がステークホルダーのために、この店で何を成し遂げたいのかを表したものがミッショ

ンです。

（2）ビジョン（Vision）

　中期的（3〜5年）にみた企業の目標や理想の姿を表します。定めたビジョンが達成されれば、次の3〜5年の企業の目標やあるべき姿について、新たに策定し直します。

　よくビジョンと混同されるのがゴールの存在です。目標数字をビジョンだと考える人もいるようですが、ビジョンはあるべき姿（理想の姿）を絵のように見える状態で表現したものです。

　理想の姿を表すだけでは、ビジョンが達成されたかどうかを計ることが難しいために、定量的、定数的な目標をゴールとして明示しておきます。支店経営においては、支店長の在任期間中に成し遂げたい支店のあるべき姿と、その姿が達成された時の定量的、定数的な数値目標を明示します。

（3）バリュー（Value）

　ミッションを基に、組織で働く人の仕事に対する価値観や行動指針を表したものがバリューです。ビジョンの達成に不可欠な存在といえます。

　バリューは、経営者と社員が話し合って策定することに意義があります。なぜなら、自分達が仕事をするうえで指針となるものだからこそ、自分達が決めることと、それを議論するプロセスで自分のこととして捉えることが重要なのです。

　また、バリューは、ルールや規則のようなものではなく、日頃仕事をする際の行動指針であり、価値観は有事の際にどのように対応するかの判断の軸になるものです。特に判断が難しい時に、バリューに戻って考えると、適切な答えにたどり着けるはずです。何が起こるかわからないこの時代、バリューは大切な役割を担うといえるでしょう。

　上記３つが「理念」の要素です。これを「クレド」とよんで、ミッション・ビジョン・バリューが書かれた「クレドカード」を作成し、全社員に配布して理念経営を実践する金融機関もあります。

　社員は「クレドカード」を日々携行し、組織が進むべき方向やあるべき姿、そして行動指針を確認しながら課題解決に向かいます。特に、業務において判断に困った時には、クレドカードにより組織の使命や行動指針を確認することで、誤った判断を防ぎ、自らが考えた最良の方策に向けて積極的に進んでいけるのです。

2

部下が理念に共感した時

———部下が理念に共感すると、
　　思いも寄らぬ発想とパワーが湧きだす。
　　理念浸透の凄さを実感すべし。

　部下が理念に共感した時、彼らはオーナーシップをもって仕事に取り組みます。オーナーシップとは「任された仕事を主体的に、かつ、能動的に取り組むこと」です。つまり、自身の仕事に自立的に取り組むことであるといえます。

　私が理念を浸透させることの効果を実感したのは、約20年前の米国の視察研修で訪れたフェデラルエクスプレスのハブ空港にある、仕分け工場でした。

　そこでは、深夜0時に全米から届いた荷物を、翌朝8時までに国内の指定された場所へ到着するよう空輸していました。これを聞くと、きっと過酷で暗い職場に違いないと思うかもしれません。しかし、そこで働く人々は、様々な人種の非正規雇用の従業員でしたが、ともに理念に共感し、仕事に誇りをもって生き生きと働いていました。私はその楽しそうな姿にとても驚きました。

　また、東京ディズニーランドの開園10周年にあたって耳にした話にも影響を受けました。同社の開園に携わっていた、当時の株式会社オリエンタルランド常務取締役　北村和久氏（元銀行員）の、「すべてはミッションを具現化することから発想する」という言葉です。

　これらは、理念の浸透の効果といえます。私自身も、もし支店経営をするならマーケットに応じた支店の使命（ミッション）とあるべき姿（ビ

ジョン）、そしてゴールを明らかにし、支店の皆とともに地域社会や地域で生活するお客様のお役に立てるような仕事がしたいと思い続けてきました。

　ここでは、私がフルバンキングでミッション・ビジョンを軸に支店経営を行った事例について、補足を交えて紹介します。

◇In my case　10期連続最下位からの復活

〈新任の支店長の目線〉

　フルバンキングを拝命した支店は、過去10期連続最下位の支店でした。

　行員とパートタイマー合わせて25名程度の百貨店が隣接する駅前店舗で、大型の団地を中心としたエリアをテリトリーに営業していました。来店するお客様は1日平均約260人。店頭は絶えず混雑し、苦情やトラブルも絶えません。前任の支店長からも、「閉店までは営業には出られない」と引継ぎを受けていましたが、「なるほど納得」、という環境です。また、テリトリー内は高齢化が進んでいるとの情報もありました。

　そこで、すぐに外部環境分析を行った結果、支店周辺は高齢者が増加しているものの、テリトリー全体では年少人口と生産年齢人口が中心であり、富裕層と高額納税者が多いことがわかりました。

　また、テリトリーを隈なく歩いて自分なりに感じた住民の特性は、よい意味でプライドが高く、好奇心旺盛、店頭ではそれなりの対応を求めている人が多いということです。そのためか、テリトリー内は高い取引シェアがありながら、預かり資産の成約率は低く、資産運用をする住民の多くは、都市銀行と証券会社を利用しているということがわかりました。

　法人は、テリトリー内には独自の商品開発で好調な業績を上げている中小零細企業が点在していましたが、当店は中規模のわりに渉外担当者の数が少なく、既存先を回るだけが精一杯で、新規先の攻略が進んでいません。競合金融機関は5店舗で、法人営業は都市銀行・地方銀行・地元信用金庫など合わせて6行の攻勢がありました。

　これらを総合すると、とても最下位をとるような環境にはありません。しかし現状は、ハード面・ソフト面どちらも地域のお客様の信頼を得られる支店には程遠いことが理解できたのです。

支店に着任したら、客観的なエリアマーケティングと体感的なマーケティングを早期に行い、エリア特性を掴みます。エリア特性は、個人マーケット戦略立案の前提条件となるからです。

　支店に勤務するメンバーからの情報は、支店経営をする際に有益なものが多くあります。しかしその情報の中には、メンバー自身が見聞きしただけのものもあるため、時に限定的・感覚的な傾向になることは否めません。

　「このテリトリー内は、高齢化が進んだ地区」と断定的にいわれていても、エリアマーケット資料によると異なる姿が見えてくることもあるものです（第1章2の2（1）で紹介した In my case「五感とエリアマーケット資料を活用したエリア特性の把握」参照）。

　しかし、このような客観的なマーケティングだけでは不十分です。早い時期にエリアを自分の足で歩き、街並みを見ながら住民や商店主などに触れ、体感的なマーケティングを加味してエリア特性を結論づけることが必要といえます。

〈役席者との話合い〉
　そこで、役席者を集めて、外部環境分析および内部環境分析の結果と、私自身の支店経営の想いとこれからの戦略の大枠を提示し、以下のミッション・ビジョン・ゴールを策定しました。
　ミッション「地域のお客様から1番に相談したいと思われる支店」
　ビジョン「コンサルティング営業のできる店作り」
　ゴール「業績表彰基準達成と業績表彰1位」
　しかし、支店が置かれている外部環境の悪化と、渉外担当者の人数が足りないことが業績不振の原因だと思い込んでいる役席者たちはなかなか納得しません。エビデンスを提示しながら、地域のお客様が求めている支店のあり方と、現状との乖離を埋めるために「来店誘致型店舗に変革する」と何度も話しました。すると、渉外担当役席と窓口担当役席が「やってみましょうか」と口火を切ってくれたのです。ここから、役席者の想いが1つになり、皆の言動が大きく変化していきました。

　渉外担当者数が少ないのは、同じ市にある僚店とのマーケット特性に応じた営業戦略の結果だったようです。事実、渉外者数の減少は法人営業の自由度を奪い、苦労をしてきたのだと感じました。一方で、業績が悪い理由を人数不足のせいにしていたようにも見えました。

　そこで、その苦労を労いながらも客観的なデータを示しながら、エリア特性と戦略がミスマッチであったことを説明し、地域のリーディングバンクとして、将来にわたって「お客様が1番にご相談したくなる支店」となることを目標に、「来店誘致型店舗に変革する」という戦略を伝えました。

　ただし、大きな変革に直ぐに賛同されることはないと想定していたので、メンバーがワクワクするようなビジョンを示すことを心がけながら、何度も話し合い、意見を求め続けました。

〈支店メンバーへの説明と意識の変化〉
　その後、テリトリー内の状況や支店経営の想いとこれからの戦略、ミッション・ビジョン・ゴール等についてパートタイマーを含むメンバー全員に説明しました。すぐには受け入れがたいようでしたが、役席者と一緒に何度も話し続けた結果、メンバー全員の意識と行動は少しずつポジティブに変化していきました。

　それからは、全員に様々な意見やアイデアの提供を求めました。提案されたアイデアや意見はできる限り採用し、提案した人を中心に実行に移してもらいました。例えば、次のようなものがあります。
・店頭独自のくじ引きキャンペーン
　　ひざ掛けや、お菓子を詰めたバッグが当たる支店独自のくじ引きキャンペーンを開催。お客様からは好評で、楽しんで来店されるようになった。
・「全員営業」で仕掛けた店頭での情報メモ
　　メンバー全員が推進担当となる、「全員営業」を実行。その仕掛け作りの1つは、パートタイマーを対象とした店頭での情報収集。情報収集のテーマを絞り、必要項目についてお客様から聞き取ることができるメ

モを作成。月末ごとにメモの枚数を集計し、成果の有無にかかわらず1番多く情報メモを作成したパートタイマーには、花かケーキで表彰する仕組み。窓口はほぼ全員のパートタイマーが担当しており、皆が参加できる楽しい企画となった。

・土曜営業の資産運用相談

　当時、近隣の金融機関も取り入れていなかった土曜営業を実施。午前中は預かり資産のセミナー、午後は預かり資産と住宅ローンの個別相談会を開催した結果、大きな成果があった。ご来店いただくお客様は、前述の情報メモの中からも選定。こうするうち、預かり資産営業担当者に必要な知識と技術は格段に向上した。

　そして、これらの戦術が功を奏して業績は上がり、7ヵ月後には最下位から3位にまで順位を上げたのです。

　ここでは、パートタイマーと行員を巻き込むことに注力しました。分け隔てなく、全員に情報を提供し意見を求めました。

　また、役席者は、ポジティブな姿勢でメンバーの変革への不安解消に力を尽くしてくれました。支店全員がワクワクした将来を描き出してからは、支店全体に大きな勢いが感じられたため、様々な戦術立案や実行、進捗管理等はそれぞれの業務担当チームに任せました。そして、短期間で業績を上げた事実を根拠に、計画した来店誘致型店舗への変革策を実行することにしたのです。

〈お客様対応のさらなる充実のための店舗改装〉

　さらに、「お客様の用件に応じた対応の充実」を目的に、店舗レイアウト変更を本部に要望しました。費用面のこともあり、思うように承認がおりませんでしたが、マーケットに相応しい来店誘致型の営業体制を整え、将来にわたってお客様から必要とされる支店への変革への想いに揺るぎはありません。ようやく承認がおり、店舗改装が実現することが決まった時の支店メンバー全員の表情は自信にあふれ、チームワークも抜群で、店内は活気づいていました。

　店舗改装では、ハイカウンターは立ったままで機能的にテラー業務を行うスタンディング式を取り入れました。残りのスペースには相談業務と融資専用のブースを配置し、ゆったりと相談に応じられるようにしました。さらに、メインの出入り口にはコンシェルジュを配置し、入店と同時にお客様の用件を伺い、受付前に帳票への記入をお願いしました。

　事務スペースは、効率的な動線の確保、業務の互換性を目的とした作業机の配置、出納係の廃止など、後方リーダーを中心に事務の効率化と省力化を図り、営業力の強化に繋げました。

　レイアウト変更を伴った営業戦略の変更と体制整備により、店頭の平均待ち時間は平均6分30秒から3分に短縮されるとともに、事務ミスやトラブルも大きく減少しました。1番の喜びはお客様が喜んでくださったことです。資産運用や融資のご相談に来店されるお客様はさらに増加していきました。そしてこれらにより、私は安心して店内を任せ、他行メインの優良企業等への攻勢等、少人数で最大限の力を発揮してくれる渉外のフォローをすることができるようになりました。

　これで来店誘致型店舗としてのハード・ソフト両面の体制整備が整い、生産性向上が実現しました。この頃には、支店長が指示するというケースが少なくなっていました。面白いもので、ハード面のグレードが上がると、同時にメンバーの立ち居振舞いも変化します。メンバーがオーナーシップを発揮した状態だったということでしょう。

　また、このタイミングで、ソリューション営業でリレーションを図ってきた他行メイン先である取引先へ、集中した営業を実施することができました。

〈メンバーの士気向上と業績表彰〉

　この時のメンバーの志気の高さや勢いはとどまるところを知りませんでした。その結果、預かり資産残高や法人の新規先、融資量が延びただけではなく、大型のM&Aアドバイザリー契約や401Kなどを成約できました。

内部事務も堅確なものに改善されました。結果、着任から1年7ヵ月で業績表彰と事務管理表彰を同時に獲得することができました。

　業績表彰式では、優績店を代表して頭取から表彰状を授与していただきましたが、この時ばかりは支店の皆の顔を思い出し、涙がでそうになったことを覚えています。

　上記の成功の要因は、ミッション・ビジョン・ゴールを明確に示し、浸透させることで全員が同じ方向を目指したこと、そして、営業目標の管理から業務改善や事務管理等をすべて各担当リーダーに任せたことであると考えています。メンバーの持てる力は無限でした。任せることで誰もが数字や成果にこだわり、目標達成が難しいなら自ら次の方策を考え、チームで行動を起こしてくれました。

　紹介した事例はごく一部ですが、支店のミッション・ビジョン・ゴールにメンバー全員が共感したからこそ、このような戦略や戦術に結びついたのです。

　地域のお客様とともに成長することは、地域金融機関の忘れてはいけない使命だと実感しました。

理念がもたらす内発的動機づけ

――外発的動機づけと内発的動機づけを意識すべし。
理念は内発的動機づけに深く関わる。

　理念に共感すると、ふとしたアイデアや戦術から戦略まで、メンバーから提案されるようになり、士気向上に繋がることは前述のとおりです。ここからは、部下のモチベーションと理念との関連性について、もう少し詳しくみてみましょう。

1 2つの動機づけ

　「モチベーションが上がる（下がる）」などとよく言いますが、人はどのような時にモチベーションを上げたり下げたりするのでしょうか。

　これには、外発的動機づけと内発的動機づけの２つが関係しています。

> ▶ 動機づけ
> 　人が目的や目標に向かって行動を起こす原因となり、達成するまでその行動を持続させるための過程や機能を表わす心理的用語。モチベーションと同意語。

（1）外発的動機づけ

　外発的動機づけとは、昇格・昇進や降格、給与額の増減、または褒められる・注意されるなど、外的な評価、賞罰などの報酬または強制によって行動を起こさせるものです。子どもの頃、テストの成績が良いと褒められた時には「もっと頑張ろう」とやる気を起こし、逆に悪い点をとっ

て叱られたので嫌々勉強したなど、周囲からの刺激を受けて行動していた覚えがあるでしょう。

　外発的動機づけのメリットとデメリットは以下のとおりです。

〈メリット〉

・誰にでも実践しやすく、効果が表れやすい

・わかりやすい報酬が目の前にあると、特に効果が高い

〈デメリット〉

・報酬を得ることが目的になるため、手っ取り早いやり方を選ぶ

・報酬を得るために行動を始めることに慣れると、報酬なしでは行動しなくなる

・与えられた報酬があたり前になると、さらに強い報酬を求める

・受け身に慣れて、自主性を引き出すことが難しくなる

　外発的動機づけは、人間の承認欲求を満たす有効なマネジメント手法であり、人事評価制度などにも活用されています。また、日頃から部下をよくみて毎日声をかける、笑顔で話す、話をよく聴く、といった行為も部下への承認行動であり、外発的動機づけの１つです。

　しかし、外発的動機づけだけで部下のモチベーションを高めるには限界があります。意図的に外発的動機づけを多用することは、アメとムチのマネジメントを繰り返すことになり、依存型の人材をつくり続けることになりかねません。

　いつだったか、「私は褒められて伸びるタイプです」と平然と告げた若手の部下に驚かされ、「それなら、褒められるような仕事をしたら」と言いたい気持ちをグッと抑えた記憶があります。その部下には、強い依存性を感じたものでした。

（2）内発的動機づけ

　内発的動機づけとは、報酬や罰とは関係なく、自発的な要因から「やりたい」と思う感情によって起きる行動です。このような心の内から湧

き上がる感情を、内的報酬ともいいます。

　前述したように、外発的動機づけだけで部下のモチベーションを高めることにはリスクや限界があるため、昨今では、仕事に興味をもって自らチャレンジしたいと思う内発的動機づけに注目が集まっています。

　しかしながら、内発的動機づけにもメリットとデメリットがあります。

〈メリット〉

・環境変化などの外的な要因に関係なく、行動に持続性がある

・自己承認欲求と自己成長に繋がり、心からの満足が得られる

〈デメリット〉

・興味や関心のないことには、動機づけが難しい

・個別性が高く、汎用性の乏しい手法である

　部下の内発的動機づけを高めるのは難しいことですが、その効果は1人の部下のみならず、役席者自身や組織にも大きな影響をもたらします。

2　内発的動機づけを高めるために

　前述のとおり、内発的動機づけとは、内的報酬によって行動の質が左右されるモチベーションといえます。

　お客様から「あなたが頑張ってくれたから、この事業がうまくいった」と感謝された時のやりがいや充実感、難しい仕事にチャレンジし、やり遂げた時の達成感など、皆さんも幾度となくこのような感情を得ているでしょう。

　では、「内発的動機づけ」には何が必要なのでしょうか。

　モチベーション理論における「内発的動機づけ」の第一人者で、米国の心理学者であるエドワード・L・デシは、「自律性の欲求」と「有能感の欲求」、そして「関係性の欲求」の3つの欲求を満たすことで内発的動機づけが起きると説いています。

（1）自律性の欲求

　人は、「あの仕事をこの手順でやれ」「あれはどうなったのか」「なぜそうなったのか」と、上司からマイクロ・マネジメントで管理されコントロールされ続けると、内発的なモチベーションは確実に下がっていきます（第1章3の3（2）参照）。

　人は、「自分のすることは自分で決めたい」といった「自律性の欲求」を満たすことで内発的動機づけが高まります。つまり、部下の内発的動機づけを高めるためには、部下が自分で考えて自己決定ができるように、権限を委譲したり任せたりするなどの自律性の支援が必要なのです。

（2）有能感の欲求

　有能感とは、他人との関わりや職場環境のなかで、自分は「有能である」もしくは「有能でありたい」という欲求のことです。

　心理学者デシは、内発的動機づけを維持するためには「活動に対しては有能であるが、自らの意思で自己決定できると心から感じられないならば、いくらそれがうまくできても内発的動機づけを高めることはないし、満足感も生まれない」と説いています。

　つまり、自分は有能であると感じるだけでは不十分で、自律的であるという感覚をもつ必要があります。

　これらを踏まえ、有能感による動機づけを高めるためのポイントは次のようにまとめられます。

・「行動すれば結果が出せる」という自己認識があることが前提
・有能感を感じるだけなく、自律的に行動を起こすときに強く動機づけられる
・本人の能力より少し高いレベルの目標（ストレッチな目標）を与えられた場合に、達成意欲が高まり、有能感による動機づけが強まる
・有能感による動機づけで結果が出た場合、有能感の認知によってさらなる自己成長のための行動を促す

（3）関係性の欲求

関係性による動機づけには、上司やメンバーとの絆が一定の役割を担っています。上司やメンバーとの間に信頼関係がある場合、支店の目標達成のための動機づけに役立ち、組織への貢献意欲が醸成されます。

上司やメンバーとの信頼関係があり、「目標に向かって協働している」「お互いが仕事に責任をもち、互いを尊重している」「意見を言っても受け入れられる」などの関係性が構築されていることや、上司が部下の自律的な行動を支援することによって、動機づけが継続されます。

3 理念と個人への動機づけ

組織のミッションは、個々の行職員の内発的動機づけに大きな影響をもたらします。ここで、支店長時代に体験した事例を紹介します（本章2 で紹介した In my case「10 期連続最下位からの復活」の支店での出来事）。

◇In my case 支店のミッションがメンバーを動かす

ようやく支店の業績が上向いてきた時期に、融資担当（男性）から直接、渉外係に替えてほしいという申し出がありました。

聞くと、「今、支店全員で、地域のお客様から1番に相談していただける支店作りを目標に頑張っている。自分も、得意な法人営業で支店の役に立ちたい。どうしても係を替えてほしい」との強い申し出でした。

彼は、長らく融資担当者として複雑な個人融資の受付けや事務手続を行っていました。いつも一生懸命で、愚痴を聞いたこともなく、法人営業が得意だということも初めて耳にすることでした。

限られた人員の中での係替えは厳しいものがありましたが、私は彼の想いに応えることにしました。

それから数ヵ月が経ち、3月の期末が近づいたある日、営業担当者は全員ラストスパートとばかりに夕刻に営業に出ていました。19時頃になって皆が支店に戻ってきましたが、彼が帰ってきません。彼からは何の連絡も入っておらず、何度携帯電話に連絡しても繋がりません。やがて20時

を回り、何かの事故に巻き込まれたのではないかと不安がよぎり、探しに行こうとした時に彼が戻ってきました。

　その時ばかりは冷静さを忘れ、「何しとったんや！　電話ぐらいできるやろ！　心配させるな！」と大声で怒鳴りつけてしまいました。

　すると彼は言いました。「支店長何を言っているんですか。夕刻、以前からアプローチしていたお客様から融資案件の申し出があり、そちらにお伺いしていました。お客様は急な申し込みで恐縮されて、ダメなら何とか預金を集めて立て替えると言われました。でも私は皆との約束のとおり、業績表彰で1位を獲得したかった。この案件が今期中に実行できればそれが叶います。もし、お客様の前で「遅くなります」と支店に電話をかければ、お客様がご遠慮されます」

　ことの良し悪しを問えば、様々な問題のある話です。しかし、彼のビジョンとゴール達成への強い想いに触れ、ありがたく、理屈抜きに「やられた！」と感じました。

　期末を迎え、その後の業績表彰式で頭取から表彰状をいただきましたが、その時は涙を堪えるのが精一杯でした。

　理念は、部下のオーナーシップの強化といった自立的な働きに密接に影響を及ぼします。そして、強みを認めることで有能感を引き出し、部下との信頼関係を揺るぎないものにすることができます。これらがあいまって組織の成果に寄与する、ということを学んだ出来事でした。

第**3**章

リーダーシップを磨く

1

リーダーシップとマネジメント

——支店長はマネジメントとリーダーシップの
　使い分けができる人。リーダーシップは未来を拓く。

1　いま求められるリーダーシップ

　昨今、不確実性が高く将来の成長が見通しにくい時代となり、この状況は VUCA の時代などといわれます。

　VUCA とは、Volatility（変動）、Uncertainty（不確実）、Complexity（複雑）、Ambiguity（曖昧）の 4 つの言葉の頭文字をとった造語で、2010年代から経済界などで注目を浴びてきました。その後、新型コロナウイルス感染という大きな変化を簡単に引き起こす事態が起こり、私たちは今まさに VUCA を実感せざるを得ない状況に置かれています。

　このような時代には、今までの正解や常識に固執せずこの事態を柔軟に受け入れて、スピード感をもって変革に導くリーダーのリーダーシップが求められます。金融機関も例外ではなく、以前に増して変革を求める強いリーダーシップが欠かせないものになっているといえるでしょう。

　支店長は、ミドルマネジメントとして、日頃からマネジメントとリーダーシップの 2 つの行動プロセスを通じて支店を経営しています。特に金融機関では、経営層が中長期先を見据え、定めた方向性やビジョンを基に、事業部ごとに戦略構築や施策立案を行い、営業店はその実行部隊として成果をあげることが求められています。そこには、支店に課せられた目標を達成するために業務運営、人事労務、成果、予算等を管理し、

秩序と安定性をもたらすという、支店経営者の"マネジメント行動"が欠かせません。

しかし、不確実性の時代における環境変化は、営業店の内外にも押し寄せ、従来の本部主導による既存のシステムを動かすマネジメントだけでは、支店を経営することが難しくなっています。

コロナ禍において、金融機関の窓口を訪れるお客様の数は大幅に減少し、インターネット・バンキングやアプリを利用する人が急激に増えました。渉外活動は自粛され、これまでの「足で稼ぐことが営業」という論法が通用しなくなっています。非対面の営業活動を展開して成果をあげるためにはどうしたらよいか、それぞれの支店でその方法が模索されていることでしょう。

こんな時代が来るとは誰にも予想できなかったことと思います。

これから起こり得るどのような事象にも適切に対処するためには、前提として、スピード感のある変革が必要です。また、支店経営者は、内外の環境や顧客の変化を読み解き、そこからメンバーがやってみたいと思うようなワクワクする支店のあるべき姿（ビジョン）を示し、そのビジョン達成のための戦略構築や、行職員のエンパワーメントを高め、自立的でありながらチームとして協働する組織を育てる必要があります。

そこには、支店経営者自身のブレない軸と情熱が欠かせないものとなっています。

2 リーダーシップとは何か

リーダーシップは、様々な言葉で定義されていますが、ここでは下記のように定義します。

> ▶ リーダーシップ
> 集団の中のある特定の人が、集団の目指す目標を達成するために影響を及ぼす行動プロセス。

つまり、集団が果たすべき使命や目的に沿った明確なビジョンと目標を示し、メンバーに良い影響を与え、自立的な行動を促すことによって目標達成を実現する力、ということです。だとすれば、どのようなリーダーシップを発揮すればメンバーによい影響を与え、目標を達成することができるのかを考えることから始めなければなりません。

　リーダーの立場にある方たちに話を聞くと、「リーダーシップを発揮することは苦手」「自分にはそんな能力はない」という声がよく聞かれます。しかし、リーダーシップとは特定の人が身につけている「性質」ではなく、学習することや経験を積むことで身につけることができる「スキル」です。

（1）求められるリーダーシップ

　昔から「特定のカリスマ的なリーダー」が求められ、リーダーのイメージとして定着してきました。しかし、今日のような不確実性が高く将来の成長が見通しにくい環境下では、1人のリーダーの能力や経験だけで正しい経営に導き、成果をあげることは難しくなっています。これからは、今まで以上に、多様な価値観をもつ自立した部下の能動的な働きや提案、さらに関係性と組織力を兼ねそなえたチーム力が必要です。

　そこで、部下のためにリーダーがいるという考えに基づいた「サーバント・リーダーシップ」や、自分らしさをもったリーダーシップという意味の「オーセンティック・リーダーシップ」などの支援型リーダーシップが注目を集めています。

　このように、リーダーシップのやり方やあり方は古くから研究され、時代背景や環境変化などによって求められるリーダーシップは変化し続けているのです。

（2）欠かせないフォロワーの存在

　リーダーシップに必要なものがフォロワーの存在です。フォロワーと

は、リーダーに従うとか補佐をする人などの意味をもちますが、過去の研究では、リーダー行動はリーダーとフォロワーとの相互関係の影響が大きいとされています。

また、リーダーシップの有効性は、リーダーがいかにしてフォロワーから信頼を獲得できるかによって決まるとされています。つまり、フォロワーがリーダーを信頼し、苦楽をともにしたくなる人であることがリーダーの条件であり、リーダーとは役職でも地位でもなく、周りの人からの信頼や評価がすべてである、ということです。

株式会社資生堂の元代表取締役池田守男氏は、“社長は下から社員を支える”という逆ピラミッド型の組織構造を導入し、経営改革を実現させた人物ですが、自身の著書の中で、フォロワーに信頼されるためには「誠実」「前向き」「ワクワクさせてくれる」「有能」の４つの条件が必要で、それを感じさせる人であれば「この人なら信頼できる」と、リーダーとして初めて認められるとしています（池田守男、金井壽宏『サーバント・リーダーシップ入門』）。

私はこの４つの条件に「一貫性」、つまり「言行一致」をつけ加えたいと考えます。

3 マネジメントとリーダーシップ

（1）マネジメントとリーダーシップの違い

管理職の仕事は、マネジメントとリーダーシップの両方が混在しています。マネジメントもリーダーシップもその目的は「組織として最大の成果をあげる」ことにあります。目標を定め、課題達成に必要な組織と関係性を構築すること、さらに、メンバーが成果をあげることができるように人を育て、環境を整えることが仕事であることに変わりはありません。

しかし、マネジメントとリーダーシップではその手法に大きな違いがあります。２つの違いをみてみましょう。

> ▶ マネジメント：既存のシステムを支障なく動かし続け成果をあげること
> ▶ リーダーシップ：未来に向けて効果のある変革を生み出すこと

〈例1　支店の法人営業の業績が上がらない場合〉

・マネジメント

　渉外担当者の担当地区を変更したり、部下に同行訪問したりして育成を図る等、業績問題に戦術や方針等で対処する。

・リーダーシップ

　商圏の将来性や営業収益やコストを分析し、フルバンキングのままで営業を継続することがよいのか、個人特化店に変革することがよいのか等を考察し、方向性を決める。そして、将来の支店のビジョン（あるべき姿）とその実現に必要な戦略を立案し、メンバーがビジョンを理解してその実現に全員が一丸となって力を尽くすように新たな方向性を伝える。

〈例2　部下の育成の場合〉

・マネジメント

　部下の現在の職務で成果をあげるために指導や育成を行う。

・リーダーシップ

　優秀な部下のキャリア開発を考慮し、たとえ支店の戦力ダウンになったとしても、部下の希望する部署への異動を支援する。

　このように、マネジメントとリーダーシップは、見ている範囲や時間軸が異なります。

　マネジメントは組織の短期目標を達成することが主眼となるため、見ている範囲は比較的狭く内部的、時間軸は短期的で、秩序と安定性をもたらします。リーダーシップは市場や業界にとどまらない広く深い範囲で、中長期的な時間軸をもち、変化を伴う成長を生み出します（**図表6**）。

　よく誤解されますが、マネジメントとリーダーシップのどちらが優れ

■図表6　マネジメントとリーダーシップの違い

	マネジメント	リーダーシップ
役　　割	効率的な業務運営	変革への対応
必要な要素	最適化	決断
時　間　軸	短期的	中長期の将来
課題の特定	計画立案と予算策定	ビジョンと戦略の提示
課題達成を可能にする 人的ネットワークの構築	組織編制と人員配置	人心結合と組織文化の醸成
課題を達成する	予算・実績管理と問題解決	メンバーの動機づけと啓発

（出所）ジョン・P・コッター著『リーダーシップ論　いま何をすべきか』より作成

ているかとか、どちらが重要かなどと議論すべきものではありません。その目的が異なることを理解し、様々な場面で意識していずれかを選択すべきです。

（2）マネジメントとリーダーシップのバランス

　マネジメントとリーダーシップは、一方を失くしただけでも組織は混乱し、やがて衰退します。

　複雑で難易度が高く、コンプライアンスに配慮が必要な業務が大勢を占める金融機関の営業店では、業務運営のルール化やマニュアル化を進めなければ、安定的な業務運営が難しくなります。また、ミスやトラブル等が起きればその問題を解決し、即座に正常な支店運営が行われるように手を打つ必要があります。さらに、営業目標の進捗状況を管理しなければ、成果をあげることはできません。

　しかし、今の時代、既存の管理・統制で業務を回すだけでは、しだいにマネジメント自体が追いつかなくなります。そこには、未来に向けて大胆な変革が求められているのです。

　さて、読者の皆さんは、この1週間を振り返ってみて、マネジメントとリーダーシップをどのくらい発揮していたでしょうか。

いつ、どのような時にマネジメントを行いましたか？

いつ、どのような時にリーダーシップを発揮しましたか？

その割合はどのような配分になりますか？

役職が高くなるほど、方向性を示して変革を実現するリーダーシップが要求されます。つまり、支店長には、特にリーダーシップが要求されることを意識することが肝要です。

変化するリーダーシップ

──**求められるリーダーシップは変化する。**
今、必要な、自分らしいリーダーシップを
発揮すべし。

　求められるリーダーシップは、時代背景によって様々に変化します。また、時代の要請に伴ってリーダーシップの研究が進むにつれ、様々な理論が発表されています。

　前述したように、リーダーシップは性質や素質ではなく、スキルとして学習し経験することで身についていきます。また、私自身の経験から、経済や社会環境、支店の規模、フォロワー等により発揮すべきリーダーシップが異なり、そのことを意識してリーダーシップを変えていくことで、成果があがる支店経営が可能となります。

　その時々に求められるリーダーシップに柔軟に即応できるよう、リーダーシップの変遷と代表的な理論について知っておくとよいでしょう。またそれは、組織や支店長としてのリーダー自身に適するリーダーシップを身につけることにも繋がります。

　ここでは、代表的なリーダーシップ論を簡単に紹介します（『新版グロービス MBA リーダーシップ』（グロービス経営大学院 編著）からの引用を中心に）。これはと思った理論については、改めて深く学ぶことをお薦めします。

1 特性理論（〜1940年代）

> ▶ 特性理論
> 「優れたリーダーはどのような共通の特性や資質をもつのか」に着目し
> た考え。リーダー研究の中で最も古典的な理論。

　古来、国や領土を治める君主や統治者をリーダー研究の対象としてい
ましたが、1900年代の初頭から科学的な手法によって、優れたリーダー
に共通する特性をみつける試みがなされ、さらにリーダーの特性に関す
る広範な調査が行われました。

　その特性は、身長、体重、体格などの外見的なものから、知能、雄弁さ、
判断力、ソーシャルスキルなど多くの特性が網羅されています。124も
の調査結果が収集された分析の結果、知能、学力、責任遂行の信頼性、
活動と社会的参加、社会経済的地位などにおいては、リーダーと認識さ
れる人のほうがそうでない人よりも優れている、ということがある程度
は認められました。

　しかし、実際に優秀なリーダーを分析しても必ずしも同じ結果にはな
らず、この特性理論だけでは不十分とされ、別の方法が研究されるよう
になりました。

　一方で、特性理論はその後も引き続き「パーソナル研究」として1つ
の領域を確立し、近年では人の強みに着目したポジティブ心理学の一環
として、個人の特性を診断するツールが登場しています。

2 行動理論（1940〜1960年代）

> ▶ 行動理論
> リーダー個人の資質ではなく、リーダーの行動に着目した考え。行動理
> 論の中には、代表的なものとして「PM理論」「マネジリアル・グリット理論」
> などがある。

ハーバード大学やミシガン大学などで、優れたリーダーの行動に着目して数々の研究が行われました。その結果、「成果をあげるための行動」と、「チームなどのメンバーの心理や関係性を重視した行動」の２軸で定義され、両方に関心をもって行動するリーダーが大きな成果をあげていることがわかりました。

一方で、これら２軸に定義された行動がどのような状況下でも必ずよい結果を生むとは限らないことも明らかになりました。

この頃、日本では、組織を率いるリーダーの行動に着目する行動理論として、三隅二不二教授が提唱した「PM 理論」が広く知られていくようになりました。行動理論は、わかりやすく汎用性も高いため、リーダーとしての行動を知る大まかな指針として現在でも用いられています。

（1）PM 理論とは

PM 理論は、リーダーの行動について調査し、その結果を「Performance function ＝ 課題達成機能」と「Maintenance function= 集団維持機能」の２つの機能をマトリックスで類型化しています（**図表7**）。

PM 理論では、❷ PM 型の課題達成機能と集団維持機能への関心をもって行動するリーダーが成果をあげて評価されているものの、それがどのような状況においても最適とはいえないために、「条件適合理論」へ研究が進んでいきます（本章２の３参照）。

（2）PM 理論によるリーダーシップ行動の現実

私は、金融機関の支店長代理や主任クラスのマネジメントに関する研修で、上司（リーダー）と受講者（フォロワー）のリーダーシップ行動の傾向を PM 理論のマトリックス上に示すワークを実施しています。その結果、以下のような傾向がみられます。

・今まで、管理職のほとんどはP機能とM機能のいずれかに二極化されるといわれていたが、直近２年間のワークの結果では、上司が支店長

■図表7　PM理論のイメージ

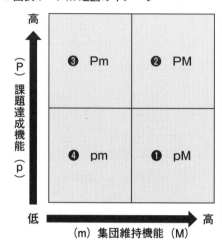

P機能

Performance function
＝課題達成機能
目標設定や計画立案、指示、叱咤
などにより、成果や生産性を高め
る能力

M機能

Maintenance function
＝集団維持機能
集団の人間関係を良好に保ち、
チームワークを強化、維持する能力

❶ pM型のリーダーシップ

仲間や部下の内面や状況に関心を寄せ、チームをまとめるためのM行動を強く
とり、集団を維持・強化することはできるが、目標や課題を達成する力は弱い。

❷ PM型のリーダーシップ

課題達成機能と集団維持機能の両方の行動を強くとり、組織の生産性とチー
ムメンバーの満足度の観点から有効とされている。

❸ Pm型のリーダーシップ

タスクや課題達成に関心をもってP行動を強くとり、課題や目標を達成する
ことはできるが、集団を維持・強化する能力が低い。

❹ pm型のリーダーシップ

PM型のリーダーシップの逆で、最も影響力をもたないとされている。

の場合はPM型が多い（ただし、P機能とM機能いずれかへの偏り
はみられる）。上司が支店長代理の場合はpM型が増加傾向。

・リーダー（上司）とフォロワー（受講者）とは、よく似たリーダーシッ
プ行動をとるケースが多い。上司のリーダーシップ行動は部下のそれ
にも影響を与える可能性が高い。

pM型の支店長代理が増加傾向にあるのは、職場のパワーハラスメン

ト対策が法制化（パワハラ防止法）されたことや、コンプライアンス強化への過度な対応と、多様な部下への対応の難しさ等が影響し、P機能が発揮しづらくなっている可能性もゼロではありません。

いずれにしてもPM理論では、リーダー自身やフォロワーのリーダーシップ行動の傾向を振り返り、次の行動に活かすことができる、また組織文化の傾向を読み解くなど、汎用性が高く現在でも活用できる理論であるといえます。

3 条件適合理論（1960 〜 1980 年代）

> ▶ 条件適合理論
> 　組織や集団の置かれた環境条件、例えば仕事の難易度やチームメンバーの能力や経験等によって適するリーダーシップは変化するという考え。条件適合理論の中には、「パス・ゴール理論」「シチュエーショナル・リーダーシップ理論」などがある。

条件適合理論は、1960 〜 1980 年代に多くの研究がなされています。これにより、環境要因や部下の能力、またはその組み合わせにより、1人のリーダーであっても、自分のとるリーダー行動を流動的に変えていくことの必要性が認められました。また、優れたリーダーシップは絶対的なものではなく、多様性が認められるようになりました。

ここでは、条件適合理論の中でもパス・ゴール理論を紹介します。

▶パス・ゴール理論

「リーダーシップの有効性は、リーダーのとる行動によって、部下が動機づけられるかどうかによる」という考え。部下が動機づけられるためには「部下が上手く目的（ゴール）に到達するためには、どのような道筋（パス）を辿ればよいかリーダーが把握し、適切な働きかけをすることが必要」というもの。1971 年にロバート・ハウスが考案。

この理論では、リーダーが部下に有効な道筋（パス）を示すには、集

第1章
第2章
第3章
第4章
第5章

■図表8　リーダーの行動スタイルと影響を与える要素

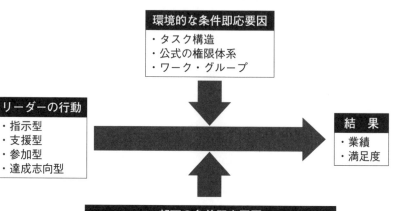

（出所）『新版　グロービスMBAリーダーシップ』（グロービス経営大学院 編著）より作成

団の環境的な条件即応要因（直面している課題、組織体制など）と、部下の条件即応要因（能力、性格や経験など）により、有効となる行動が変わるとしています（**図表8**）。

　リーダーが道筋（パス）を示す行動には、指示型、支援型、参加型、達成志向型４つのスタイルがあるとしています。**図表9**は、４つのリーダーの行動スタイルと、どのような条件の下で効果的かを示しています。

4　コンセプト理論（1980年代〜）

▶コンセプト理論

　条件適合理論を基に、より具体的な様々なビジネスシーンに落とし込み、それらの状況で有効なリーダーシップを研究したもの。

　前述のとおり、リーダーシップの研究は進み、現在では「リーダーシッ

■図表9　リーダーの行動スタイルと効果的な条件

リーダー行動	内　容	どのような条件下で効果的か
指　示　型	与えられた課題を達成する方法や工程を具体的に示す	・タスクが曖昧だったり、チーム内にコンフリクトがある場合 ・部下の自立性や経験値が高くない場合（逆に、部下が高い能力や豊富な経験をもつ場合は、モチベーションが下がる可能性あり）
支　援　型	部下の状態に気遣いや配慮を示す	・タスクが明確な場合 ・リーダーと部下間の公式権限の差が明確な組織の場合
参　加　型	決定を下す前に部下に意見を求め、活用する	・部下の能力や自立性が高く、自己解決意欲がある場合
達成志向型	高い目標を示し、部下に努力を求める	・困難で曖昧なタスクでも前に進めたい場合。努力をすれば高業績に繋がるという期待で部下を動機づける

（出所）『新版　グロービスMBAリーダーシップ』（グロービス経営大学院 編著）より作成

プは素質ではない」かつ「どんな場面でも万能なリーダーシップは存在しない」と考えられ、「状況に応じたリーダーシップのとり方」を研究するコンセプト理論が主流となっています。

　そのために、様々なリーダーシップの型が発表されていますが、ここでは代表的な次の4つの特徴を紹介します。
・カリスマ型リーダーシップ
・変革型リーダーシップ
・サーバント・リーダーシップ
・オーセンティック・リーダーシップ
　あなた自身に合ったものや、組織の課題や状況に必要なリーダーシップを選択し、支店経営に役立てるとよいでしょう。

（1）カリスマ型リーダーシップ
　現代のような不確実な環境下で、企業が組織や戦略を大きく変革するために組織を動かす手段として、カリスマ型リーダーシップや変革リー

ダーシップが研究されました。

▶カリスマ型リーダーシップ

並外れた行動力と発想で組織を強く牽引するリーダーシップ。将来のビジョンを描く能力が必要とされている。

（イメージ：織田信長、Apple社創業者スティーブ・ジョブズ）

このリーダーシップは、カリスマ性を先天的に身につけているかどうかではなく、「部下が、リーダーに非凡な資質（カリスマ性）があると認知し、信頼することで成り立つ」というリーダーシップスタイルです。つまり、カリスマ型リーダーシップを発揮するために重要なことは、「どうやって部下にカリスマとして認知してもらうか」であり、認知してもらうための行動をとる必要があります。カリスマ性は、リーダーの行動によって認知されるイメージだといわれています。

〈カリスマ型リーダーシップの３つの行動要素〉

・現状の問題点を正しく評価する

・組織が追求すべき戦略的で明確なビジョンを示す

・リスクをとってでも行動をする

カリスマ型リーダーシップのデメリットは、リーダーの影響力が強すぎると部下やフォロワーがリーダーに依存し過ぎる可能性がある点です。また、後継者の育成が難しいといえます。

例えば、昨今の課題といえる中小企業の後継者不足問題の一端は、強力なリーダーシップで企業を率いてきたカリスマ社長のリーダーシップによる弊害であることも否めません。カリスマ経営者の１人である日本電産株式会社の永守重信会長が、テレビ番組に出演した際、後継者が育っていないというような悩みを吐露されていましたが、まさにカリスマ型経営者だからこその悩みなのでしょう。

（2）変革型リーダーシップ

▶変革型リーダーシップ

　現代のような不確実な環境下で、ビジョンを構築することでフォロワーの自立的な行動を促すためのリーダーシップ。カリスマ型リーダーシップに比べ、よりビジョンが重要であるとされている。

　（イメージ：京セラ・第二電電（現 KDDI 株式会社）創業者稲盛和夫氏）

　このリーダーシップは、企業戦略論（ビジョンや戦略など）や、人間の集団心理に着目した組織行動論（危機意識を高めることや短期的な成功体験を積ませるなど）と、リーダーシップの融合が図られた点が大きな特徴です。

　代表的な考え方には、ジョン・P・コッターの「リーダーシップ論」や、ノール・M・ティシーによる「現状変革型リーダー論」などがあります。

　コッターの「リーダーシップ論」では、「既存のシステムを安定的に維持していく」マネジメントと、「変革を推し進める」リーダーシップを明確に区分するという特徴があります。両者には共通点があるとしていますが、具体的な手法については異なるといいます。

〈変革型リーダーシップの特徴〉

・将来のビジョンを設定する（方向を定める）

・１つの目標に向け、フォロワーの心を統合する

・フォロワーの動機づけと啓発を行う

　日本における変革型リーダーシップの事例は、「2000 年以降のパナソニックの変革」が知られています。

（3）サーバント・リーダーシップ

▶サーバント・リーダーシップ

　「リーダーである人は、まず相手に奉仕し、その後相手を導くものである」というリーダーシップ哲学。サーバントは、「使用人」「奉仕者」という意味をもつ。倫理性や精神性に軸足を置くリーダーシップの代表。ロバート・K・

グリーンリーフが提唱。

（イメージ：イエス・キリスト）

　これは、リーダーが深く信じるミッションをメンバーが共感し、その実現に向けてメンバーが活躍できる環境を整え、個々の資質を正しく理解し、その力を最大限に発揮できるように支援するなどして奉仕するリーダーシップです。

　「奉仕」と聞くと、受け身とか下手に出るようなイメージをもつかもしれませんが、どんなときでも尽くすというわけではありません。ミッションに共感してついてきてくれるフォロワーに対して自然に尽くすことができるというイメージです。また、奉仕すること以外にも、「私はこのように進むからついてきてくれ」とイニシアティブをとったり、メンバーの話に耳を傾けたり、メンバー全員を引っ張ったりします。

　サーバント・リーダーシップは、従来のリーダーシップとは大きく異なり、腑に落ちない読者も多いかもしれません。そこで、従来のリーダーシップとサーバント・リーダーシップを比較してみると、**図表10**のようになります。

　サーバント・リーダーシップが提唱されたのは1970年代ですが、2000年初頭に米国で起きた「エンロン事件」がきっかけとなり、リーダーの倫理観や姿勢が強く問われるようになったことから再度大きく注目されました。日本でも、2000年の初頭に「店頭基点の経営改革」というミッションを掲げ、サーバント・リーダーシップを実践した株式会社資生堂元取締役会長の池田守男氏の経営改革が有名です。

　サーバント・リーダーシップの基盤は、メンバーが「あなたならついて行きたい」とリーダーとして認めることにあります。そのためにリーダーは、メンバーからの信頼を得ることが必要となります。

　では、どのような人であればリーダーとして信頼できるのでしょうか。

　以下の「サーバント・リーダーシップの10の特性」は、サーバント・リーダーとして行動している人に共通する特性です。意識すれば身につ

■図表10　従来のリーダーシップとサーバント・リーダーシップの違い

	従来のリーダーシップ	サーバント・リーダーシップ
モチベーション	最も大きな権力の座につきたいという欲求	組織上の地位にかかわらず、他者に奉仕したいという欲求
マインドセット	競争を勝ち抜き、達成に対して自分が賞賛されることを重視	皆が協力して目標を達成する環境で、皆が WIN・WIN になることを重視
影響力の根拠	目標達成のために自分の権力を使い、部下を畏怖させて動かす	部下との信頼関係を築き、部下の自主性を尊重することで組織を動かす
コミュニケーション・スタイル	部下に対し、説明し、命令することが中心	部下の話を傾聴することが中心
業務遂行能力	自分自身の能力を磨くことで得られた自信をベースに部下に指示する	部下へのコーチング、メンタリングから部下とともに学びよりよい仕事をする
成長についての考え方	社内ポリティクスを理解して活用することで、自分の地位を上げ、成長していく	他者のやる気を大切に考え、個人と組織の成長の調和を図る
責任についての考え方	責任とは失敗したときにその人を罰するためにある	責任を明確にすることで、失敗からも学ぶ環境を作る

（出所）『サーバント・リーダーシップ入門』（池田守男・金井壽宏著）より作成

けることができるものばかりといえます。

　このリーダーシップでは、特にメンバーを「承認」することが求められますが、そのためには、次の 10 の特性の中でもメンバーの話を「傾聴」し、「共感」することが重要になります。

〈サーバント・リーダーシップの 10 の特性〉

傾　聴：相手が望んでいることを聞き出すために、まずは話をしっかり聞き、どうすれば役に立てるかを考える。また自分の内なる声に対しても耳を傾ける。

共　感：相手の立場に立って相手の気持ちを理解する。人は不完全であることを前提に、相手をどんなときも受け入れる。

癒　し：相手の心を無傷の状態にして、本来の力を取り戻させる。組織

や集団においては、欠けている力を補い合えるようにする。

気づき：鋭敏な知覚により、物事をありのままに見る。自分に対しても
相手に対しても気づきを得ることができる。相手に気づきを与えるこ
とができる。

納　得：相手とコンセンサスを得ながら納得を促すことができる。権限
によらず、服従を強要しない。

概念化：大きな夢やビジョナリーなコンセプトをもち、それを相手に伝
えることができる。

先見力：現在の出来事を過去の出来事と照らし合わせ、そこから直感的
に将来の出来事を予想できる。

執事役：自分が利益を得ることよりも、相手に利益を与えることに喜び
を感じる。一歩引くことを心得ている。

人々の成長への関与：仲間の成果を促すことに深くコミットしている。
一人ひとりが秘めている力や価値に気づいている。

コミュニティ作り：愛情と癒しで満ちていて、人々が大きく成長できる
コミュニティを創り出す。

　前述した株式会社資生堂元取締役会長の池田氏は、自身の著書「サー
バント・リーダーシップ入門」の冒頭に、「今の日本には『与えられる』
ことに慣れすぎて、『与える』気持ちを忘れた人が増えているのではな
いかと危惧している。サーバント・リーダーとして振る舞う人があちこ
ちに出現するようになれば、隣人愛に支えられた社会を築けるはずだ。
そうした希望を私は持っている」と述べています。

　池田氏は、サーバント・リーダーシップ論を知る前から、サーバント・
リーダーシップを貫き、経営改革を成功させた経営者といえます。業種
は異なりますが、同氏のリーダーシップに学ぶところは大きく、支店経
営者にはサーバント・リーダーシップの考え方を1度は学ぶことをお薦
めします。

（4）オーセンティック・リーダーシップ

▶オーセンティック・リーダーシップ

「自分らしさ」を基本としたリーダーシップ。オーセンティックは、「本当の」「真正の」の意味をもつ。直訳すれば「真正のリーダーシップ」。

（イメージ：ラグビー U20 日本代表元監督、早稲田大学ラグビー蹴球部元監督中竹竜二氏）

　このリーダーシップは、リーダー自身の心に正直であることが、倫理的に正しい行動を選択することになり、そのことでメンバーとの信頼関係が築け、結果的に成果をもたらすと考えられています。株主からの利益に対するプレッシャーに屈し、粉飾決算を行うことや、自身の邪悪な欲望の赴くままに強力なリーダーシップを発揮し、組織を破滅させるリーダー等は、当然のことながら「真正のリーダー」ではありません。

　心に正直であるには、自己認識力が必要であり、自身の弱みを隠すことなく素直に認め、「自分をさらけ出す勇気」が求められるともいわれています。

〈オーセンティック・リーダーシップの５つの特性〉

・自らの目的をしっかり理解している
・自身のしっかりしたコアバリュー（価値観）に基づいて行動する
・真心を込めて、情熱的に人をリードする
・人とのリレーションを大切にする
・しっかり自己を律する

　※ビル・ジョージ（ハーバード・ビジネス・スクール教授）の提唱

　このリーダーとともに働くメンバーは、リーダーを信頼し、リーダーからの支援を受けることで、幸福感を感じることができる職場環境で能力を最大化させて、成果に結びつけていくことができます。

　そしてオーセンティック・リーダーシップとは、リーダー自身が人生の中で、様々な経験を通じて、自分らしい本物のリーダーに成長していくこと、つまりリーダーシップ開発に主眼が置かれています。

私自身の経験でいうと、営業店経験が短いため、実務においては他店の支店長に比べてできないことが多くありました。それを正直に開示したことが、部下に信頼される要素になったのかもしれません。

5 フォロワーにも欠かせないリーダーシップ

　ここでもう1つ、支店経営に欠かせないリーダーシップを紹介しましょう。それは、フォロワーのリーダーシップです。

　フォロワーとは部下と同意語ではなく、部下の中でもリーダーの掲げたミッション、ビジョンに共感していることと、リーダーを信頼して従っていることが前提です。

　フォロワーには、役職にかかわらず自らの役割の中で、主体的に必要なリーダーシップを発揮することが求められています。なぜなら、多種多様な業務や溢れる情報、または人の多様な価値観の中で、リーダー1人がすべてを掌握し、指示することには限界があるからです。

　リーダーには、リーダーシップとフォロワーの支え（フォロワーシップ）が必要であり、フォロワーにも、リーダーシップとフォロワーの支え（フォロワーシップ）が必要となります。

　ここで、ある支店での経験を紹介します。3年目の女性行員の小さなリーダーシップがきっかけで、支店の変革に結びついたという出来事です。

◇In my case　フォロワーが発揮したリーダーシップ

　その支店は、フルバンキングから個人特化店に店質を変更したばかりでした。来店客はまばらな状態で、来店客は減少の一途を辿っていました。また、店質変更に伴って法人担当の行員はすでに転出しており、残った行員達はモチベーションを下げ、営業推進への意欲は完全に落ちていました。当時の個人特化店のイメージは、お客様にも行員にもよいものではなかったようです。

　そこで支店長の私は、「地元のお客様に立ち寄っていただける支店」を

あるべき姿（ビジョン）として、支店のメンバー全員に来店誘致策のアイデアを募集しました。

それを基に、地域住民の方やお子さんの作品を飾るロビー展をはじめとして、様々な策を講じました。ハード面でも、カウンターラインを斬新なデザインに変更するとともに、照明を増やして少しでも店内が明るい雰囲気になるようにしました。

その結果、来店されるお客様の数が徐々に戻り始め、行員のモチベーションも店内の活気も戻りつつあり、同時に業績も伸びていきました。しかし、今ひとつ決め手がありません。

そんな時に、入行３年目の女性行員Ａさんから、「全員が浴衣で営業する」という提案がされました。それも１日だけではなく、７月と８月の毎週水曜日に行うというものです。そこで、私は９名のパートタイマーを集め、そのことを相談しました。すると案の定、全員のパートタイマーから、「面倒」「働きにくい」「浴衣を持っていない」等の理由で反対がありました。

そのことをＡさんに告げると、「浴衣を準備してください。私が説得します」と言うのです。そこで不足分の浴衣を準備し、Ａさんに渡しました。

Ａさんは、「お客様を増やしたいから協力してほしい」と、パートタイマーへの説得にあたり、この熱意に負けたパートタイマーを含む女性13名は全員浴衣、男性２名は銀行のハッピを着て営業を行いました。浴衣で仕事をすることに反対していたメンバーも「結構楽しい」としだいに変化が現れました。

水曜日は、支店長が町役場へ定例訪問する日でしたが、ここでもＡさんからの強い希望で、私は多少の恥ずかしさもありながら、浴衣姿で歩いて訪問しました。狭い町の中でその噂が広まり、来店されるお客様が増え始めた頃、町長から、私に町民対象の講演会の講師を務めてほしいとのご依頼をいただきました。

そのこともよい効果を生み、店頭は活気を取り戻し、業績も好調で業績表彰の個人特化店部門で１位を獲得することができました。

実は、個人特化店に店質を変更した時に、地元のお客様の間で「あの支店はいつか廃店するだろう」と噂をされていたとお客様から伺い、驚

いたことを覚えています。Aさんの、小さいけれどもお客様を意識した強いリーダーシップが支店長のリーダーシップを支え、支店のメンバー全員の心を動かし、皆を巻き込んだことで大きな成果をもたらしてくれました。Aさんは、「地域とともにある」という、あたり前の様であたり前にできないことを教えてくれました。

3

組織が機能するリーダーシップ

———チームの成長に応じたリーダーシップを見極めるべし。
　やがて素晴らしいチームへの変化が叶う。

　金融機関の特徴の1つは、転勤が多いことです。

　私の場合も、営業店に出てから約10年間で数回の転勤を繰り返しましたが、着任するたびにそれまでの職場との違いを感じたものです。それは、店質や店の規模、行職員数やマーケットによることもあるでしょうが、それ以上に、組織文化や空気感といった、言葉では言い表すことができない抽象的なものでした。

　私が深く関わった支店の特徴をあえて言葉にすると、以下のようなものです。

　A支店　皆が和気あいあいと仲良く働いているが成果は出ていない

　B支店　皆が成果にこだわり、いつもピリピリしている

　C支店　先輩が後輩を指導することがあたり前に行われ、厳しい中でも明るく仲間意識が強い

　D支店　優秀な行職員が配置されているが、互いにしのぎを削りギスギスした雰囲気が漂っている

　このように、それぞれに特徴がありましたが、その違いは支店長のリーダーシップによるものが大きかったように思います。

　リーダーシップの視点で考えると、例えばAのような支店は、組織の目的やあり方を考える必要があります。組織の目的とは、「個の総和を超えた大きな成果をあげる」ためにあります。「個の総和を超える」とは、3人の働きが3の成果をあげることではなく、自立したメンバー同士の

第1章

第2章

第3章

第4章

第5章

105

協働によりチームのシナジーを生み出し、5や8の高い成果をあげるということです。

　実際の営業店では、メンバーのなかに1人で0.5や0.7の成果しかあげられないメンバーもいれば、1.5や1.8の成果をあげる人もいます。しかし、どんなに優秀な行職員でも1人で3や5の成果を生み出すことはできません。

　支店経営者の役割は、メンバーが自身の強みを最大限に活用しながら、自ら考え行動できる自立型人材に育てること、メンバー同士が協働し、最大限の成果をもたらす組織をつくることに他なりません。そして、働く人がやりがいをもちながら幸せに働けなければ、組織の意味をなさないのです。

　ここでは、皆さんが所属する組織が現在どの状態にいるのか、皆さんがリーダーとして組織の状態に相応しいリーダーシップが発揮できているのかを考えてみたいと思います。そこで、組織として機能するために知っておきたい2つのリーダーシップを、基本的な視点を交えて取り上げますので、自店と自身の現状について振り返ってみてください。

1 成功循環モデル（急がば回れのリーダーシップ）

▶成功循環モデル

　組織の成功の可否は、組織の循環「関係性の質」「感情・思考の質」「行動の質」「結果の質」の回り方の順によって決まるという考え方（図表11）。マサチューセッツ工科大学のダニエル・キム教授が提唱。

　組織の「成功循環モデル」を基に、組織の成功の可否をみてみましょう。

　成功循環モデルには、**図表11**のように「A. バッドサイクル」と「B. グッドサイクル」の2つがあります。「A. バッドサイクル」が回り続けると、どこまでいっても期待する成果をあげることはできません。逆に、「B. グッドサイクル」が回り出すと、期待以上の成果があげることができます。

■図表11　成功循環モデル

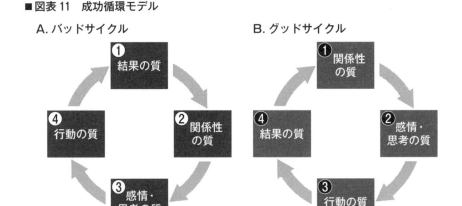

（1）バッドサイクル

　バッドサイクルとは、「①結果の質」を上げる、つまり成果をあげることを求めるところからスタートするサイクルです。

　しかし、いきなり成果を求められても成果はあがりません。急に成果を要求すると、「渉外のやり方が悪い」「なぜ窓口係の目標だけが大きいのか」など、メンバー同士の対立や意見の押しつけが始まります。そこでリーダーが命令や指示（アメとムチ）を使いだすと、一時的にはよい結果が出るかもしれません。しかし、命令や指示を使い続けないと成果が出なくなり、さらには命令や指示に慣れて、これに反応しなくなる可能性があります。

　いずれにしても、この状態では「②関係性の質」が悪くなり、やがて「言われたことだけをやろう」とか「言われてもやる気にはならない」など「③感情・思考の質」が低下してしまいます。

　「③感情・思考の質」が低下すると、自ら積極的に行動しなくなり、当然に「④行動の質」は悪くなります。すると、さらに結果が出なくなります。結果が出ないとチームの状態は悪くなり、ますます「②関係性の質」が悪化し、成果に結びつく思考や行動は望めません。

（2）グッドサイクル

　グッドサイクルとは、「❶関係性の質」を高めることからスタートするサイクルです。

　上司はまず部下の話や意見をよく聴き、部下の価値観や目指すものなどを理解し、その成長を支援します。また、関係性を重視する組織では、メンバー同士のコミュニケーションも活発になります。メンバーは、上司や他のメンバーとの関係が良好なものと感じ、「ここで何を言っても大丈夫だ」と安心し、意見や提案を積極的にするようになります。その意見や提案が受け入れられ、たとえ小さくても成果があがると、チームで仕事をすることが楽しくなり、成果をあげるために必要なことを個人やメンバーで考え始め、「❷感情・思考の質」が向上します。そして、自分で考えた方法を試そうと自立的に行動を始めます。自分の意思で始めたことなら、たとえ失敗しても成功するまで何度でも工夫してトライするなど、「❸行動の質」が上がり、成果に繋がっていきます。

　そして「❹結果の質」が上がると、ますますチームメンバーや上司との「❶関係性の質」が強化されて、「❷感情・思考の質」や「❸行動の質」に繋がり、さらに成果を得ることができます。

　皆さんが所属する組織や、以前勤務していた組織は「B. グッドサイクル」「A. バッドサイクル」のどちらが循環していたでしょうか。どちらのサイクルが循環するかに、所属長のリーダーシップが大きく影響を及ぼしていることは納得できるところでしょう。

　私自身は、両方のサイクルが循環する組織を経験しましたが、楽しく成果をあげた組織には、尊敬する所属長のリーダーシップがありました。所属長と普段から気軽に会話を交わし、所属長の大きな器が部下を公平に包み込み、部下は躊躇なく何でも話せました。「こんなことをやってみたいのですが」と相談すると、「いいじゃないか、やってみたら？」と後押しされ、所属長の支援が必要なことを先回りして黒子のように手助けしてくださったことを思い出します。

◇In my case　グッドサイクルを回した上司の手助け

　能力開発室に配属になり、2〜3年目の頃の話です。「女性活躍」が注目される以前のことで、女性が役職につくことはほとんどありませんでした。当時、注目される女性といえば、テラーで実績を上げる窓口担当者だけで、後方担当や融資事務などで後輩を育て、事務の効率化や事務ミス削減を図っていた大半の女性には、陽があたっていませんでした。

　しかし、これらの業務を担当する女性の能力は高いものでした。そこで、さらに女性の力を引き出して脚光を浴びるためにはどうしたらよいのか考え、範囲を限定したリーダー活動を思いつきました。

　上司である能力開発室のA室長に相談すると、すぐに本部の部長を集め、企画案をプレゼンする機会を与えてくれました。一般行員の私が、部長の前でプレゼンをするなど考えたこともなく、驚きとともに、埋もれた女性行員のためにこのチャンスを絶対に活かさねば、とプレゼンにも力が入りました。

　結果、「女性には荷が重すぎる」と大反対され諦めかけたその時、ある1人の部長が「1度に全店展開せずに、10ヵ店で試行してみて、その結果で判断したらどうか」と発言されました。途端にその場の空気が変わり、試行を条件に全店展開の事務リーダー制度が承認されました。

　A室長はすぐに担当役員のK専務のところへ連れて行ってくださり、そこでまたプレゼンをさせてくれました。

　そしていよいよ実施となりましたが、試行店の支店長がその意義を理解し、「試行店の結果で全店展開が判断される。レベルアップの機会だから頑張れ」と、自店の事務リーダーを動機づけ、活動の支援をしてくださったおかげで、ほとんどの支店で成果をあげることができました。

　その結果、人事部の制度として承認され、全店での運用が叶いました。その際にも制度の規定作成時には人事課員の協力を得られ、リーダー研修では事務管理部門が講師を務め、さらに全店のリーダーの任命式には頭取の訓示をいただきました。

　この事務リーダー制度では、事務の堅確化、残業時間の短縮、CS向上、OJTの活性化等、多くの成果を残すとともに女性の能力開発の一因と

なったと自負しています。

　そこには組織の人々から尊敬されるＡ室長の、決して前に出ることのない側面からの力強い支援があったからこそと、心から感謝しています。

　この事例のＡ室長は、先に成果を求めることなく、一介の女性行員であった私の話に耳を傾け、関係性を高めてくださいました。だからこそ私もＡ室長を心から信頼し、安心して提案や相談をすることができました。

　私自身、全店の女性行員の能力開発と、僭越ながらＡ室長の功績にしていただけるよう、よりよい制度策定と目的の達成に没頭しました。

　反対に、業績には人一倍こだわるものの気難しく近寄りがたい支店長や、部下である行員の好き嫌いが激しい支店長に支店長代理として仕えた時には、私自身が嫌われることはなかったものの、同僚の役席者が厳しい指示を受ける姿を見ながら、日々、必要以上の緊張感をもち、大きなストレスを感じていました。

　そして、行員同士は特に仲が悪いわけではないものの、係間の情報共有や協働も少なく、個々人がライバルとして仕事に注力していたことを覚えています。支店長室に呼ばれると、「何かしでかしたのか」と不安になり、本当に難しい組織でした。

　もし、新しく着任したばかりの支店長が、「今期は、融資残高を本部目標の120％達成とする。何が何でも頑張るように」といきなり檄を飛ばしたら、支店の行職員はどのように感じるでしょうか。

　「もう９時30分なのに、まだ営業に出ないのか」「訪問件数が５件とは少ない」などと、上司と部下との信頼関係が築けていない時に行動面ばかりを指摘する上司の下で、モチベーションを上げて頑張れるでしょうか。

　支店長であれば誰もが目標達成を目指して支店経営を行います。まずはメンバーとの「関係性の質」を高めることが必要といわれても、半期間は短くてそんな悠長なことはできないと思う方もいるかもしれませ

ん。

しかし、前述のとおり、着任時にマーケティングや環境分析と並行して支店のメンバー一人ひとりの話を聞くことは、「関係性の質」の構築に繋がります。それだけでなく、組織の現状分析が可能になり（第1章2の2参照）、ビジョンや戦略を策定するためにも有効な手段になることは想像に難くないことでしょう。

目に見えない「関係性の質」と「感情・思考の質」を整える、つまり「急がば回れ」のリーダーシップ行動が、成果があがる組織の循環を可能にするといえます。

2 タックマンモデル（チームを成長に導くリーダーシップ）

▶タックマンモデル

チームが形成されてから実際に機能するまでのステップと、その特徴を説明したモデル。1977年に心理学者のブルース・W・タックマンによって提唱。

タックマンモデルは、組織形成やチームワークに関する様々な研究がされているなか、現在でも最も重要な理論であると位置づけられています。チームとして機能するには、チームが形成されてからいくつもの段階を経ることが不可欠だといわれます。このタックマンモデルは、「形成期」「混乱期」「統一期」「機能期」の4段階を経るとするものです（**図表12**）。

しかし、「機能期」までの各段階には困難な状況が起きるため、それぞれの段階に必要なリーダーシップが求められ、その結果として次の段階へ進むことができるとされています。特に、チームをつくった後には必ず混乱が起きますが、この「混乱期」を避けるのではなく、なるべく早く乗り越えて「統一期」に到着することが大切であるといわれています。

ここでは、タックモデルを参考に金融機関の営業店の成長の段階を考えてみましょう。

タックマンは、チームには4つの発展段階があることを示し、その過

111

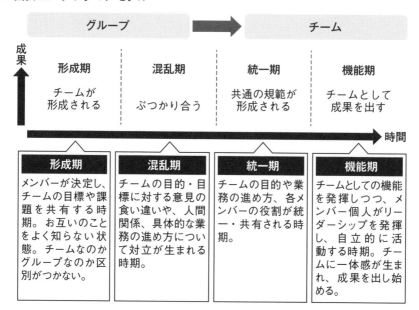

■図表12　タックマンモデル

グループ　→　チーム

成果

形成期	混乱期	統一期	機能期
チームが形成される	ぶつかり合う	共通の規範が形成される	チームとして成果を出す

時間

形成期	混乱期	統一期	機能期
メンバーが決定し、チームの目標や課題を共有する時期。お互いのことをよく知らない状態。チームなのかグループなのか区別がつかない。	チームの目的・目標に対する意見の食い違いや、人間関係、具体的な業務の進め方について対立が生まれる時期。	チームの目的や業務の進め方、各メンバーの役割が統一・共有される時期。	チームとしての機能を発揮しつつ、メンバー個人がリーダーシップを発揮し、自立的に活動する時期。チームに一体感が生まれ、成果を出し始める。

程について明らかにしました。その後、新たに「解散期」の１段階を加え、現在では５段階の発展ステップを踏むとされていますが、金融機関の営業店ではあまり例がありませんので、ここでは「解散期」の解説を割愛し、４つの発展段階について営業店を例に考えてみたいと思います。

（1）形成期

メンバーが決定し、チームの目標や課題を共有する時期

　形成期では、初めて出会った人との顔見せやお互いの様子をみている状態です。どんなチームもこの状態から始まります。

　金融機関でいうと、「形成期」の営業店では成果はあがっていません。支店のメンバーは決められたことはこなしますが、お互いに波風を立てることなく、主張せず、他のメンバーに関与するでもなく、淡々と仕事をこなしている状態をいいます。

この場合、総じてコミュニケーションは少なく活気がないか、表面的には「和気あいあい」と楽しそうに仕事をこなしていますが、実は異変を感じても報告することも、意見を言い合うこともなく、総じて無責任な組織です。

研修で、「あなたの組織の問題は何か」と聞くと、「何もない」とか「メンバー同士は仲がよく、特に問題は思いあたらない」と回答する人がいますが、仕事をするうえで問題や課題を感じていないことや意見のぶつかり合いなどがない状態が問題といえます。

この場合、2つの点を点検します。

〈メンバー全員が支店の目指すものを認識しているか〉

上記のような場合、自店の存在意義や使命と支店の目標を明示し、その目指すところと現状との乖離を見える化しているかどうかが重要となります。

特に、「全体会議などで支店の使命や中長期、短期目標を紙に書いてメンバーに説明したからわかっているはず」という声をよく聞きます。しかし、1度聞いただけですべてが伝わり、理解されるのでしょうか。また、その場で理解できてもすぐに忘れてしまうことも大いにあります。紙に書いて渡しても、それは渡した側の自己満足でしかありません。

まずは、それが伝わり理解されることが必要です。そして、メンバー全員に浸透させるためには、何度でも伝える、目標と現状の乖離を見える化する、日常の行動に紐づけて話すなど、常に支店の存在理由や中長期、短期目標に触れる機会や環境を整えていくことが必要になります。

〈メンバーが役割と職務を認識しているか〉

メンバーの中には、成熟度が低く、ただ与えられた仕事をこなせばよいと考えている人がいる可能性があります。その場合は、それぞれが期待されている役割を具体的に示し、指導するところから始める必要があります。

中堅行職員を例にとれば、営業のポイントゲッターとして実績を求め

られる立場にありますが、それだけでは不十分です。上司のフォロワーシップや後輩の指導育成や持ち場周辺へのリーダーシップ、または他部署との連携などの役割が認識され、行動に繋がっているかを確認します。役割認識が不足している場合には明確に示す必要があります。これは役席者も同様です。

　営業店が形成期にある場合は、具体的な指示と、細かく周りを見回し、フィードバックする強いリーダーシップの発揮が必要です。

（2）混乱期

チームの目的・目標に対する意見の食い違いや人間関係、具体的な業務の進め方について対立が生まれる時期

　混乱期は、支店長の支店経営方針が理解され、自身の役割や目標が定められる時期です。この時期は、営業目標の種類や数字の量（多い・少ない）や、仕事のやり方について、多少なりとも不満などが起きます。

　例えば、個人営業担当と法人営業担当が互いの預かり資産の目標額に不満を感じたり、パートタイマーから、時短勤務を利用している行職員の退勤時間への不満が出たりします。また、窓口担当の行職員が個人営業のために外に出ると、窓口の応援に入るパートタイマーの負担が大きくなるため渉外活動に出にくい、などという話も耳にします。窓口担当者の３時以降や特定日の渉外活動は支店方針として決められていても、活動までには至らず、当然、成果も出ません。

　この他、目に見える衝突が起きていなくても、他のメンバーへの関心が薄いために、情報共有等の行動が起きていない可能性もあります。

　このように、混乱期は支店経営の中で１番難しい時期といえますが、組織を成長させるためにはチャンスとなる時期ともいえます。この状態を小手先でうまく収めようとすると、水面下で不平や不満が燻り続け、どんなに優れた仕組みを取り入れても、次の段階に進むことはできないでしょう。

　支店長や管理者は、面倒だと思わずに行職員やパートタイマー一人ひとりを尊重し、誠実に向き合い、不平や不満などの想いを聞きながら、こちらの考えを伝える必要があります。そこでは疑問や意見が出ることもありますが、誠実に応えていきます。

　また、対立するメンバーを交え、課題解決のためにミーティングすることも有効でしょう。そうすることで、互いの立場や役割だけでなく、メンバー自身を理解できるようになり、やがてチームが安全で安心な場所であると認識するようになります。

　さらにこの時期には、目標達成のための複数の小さなマイルストーンを活用し、達成感を積みあげていくことで、チームとしての一体感を醸成することが有効です。

（3）統一期
チームとして目指す目的や目標が統一され、お互いを理解し協働する時期

　統一期は、共通の規範が形成されることで、目的や目標に向かって支店の一体感が生まれる時期です。この時期になると、なにか問題が起きたとしても、誰かのせいにするなど「人」に焦点をあてるのではなく、解決すべき「問題」「課題」として組織で解決するようになります。

　例えば、窓口から渉外への情報伝達が滞り、業務に支障が出た場合、形成期や混乱期では、窓口担当者の問題として処理されます。あるいは、窓口 vs 渉外の問題に発展する可能性もあります。

　しかし、統一期では窓口から渉外への情報伝達の「仕組み」の課題とその対応策が検討され、その決定事項は組織の規範として共有されることになります。その仕組みがうまく機能すれば、小さな成功体験としてチームの自信が生まれ、それが結束力に繋がっていきます。

　この場合の支店長や管理職の役割は、メンバー同士の考えを合わせて施策を決められるように側面から支援することや、どんな小さな成功に

ついても喜びを表すことにあります。そのことで、メンバーはチームで成し遂げる喜びを感じとっていくでしょう。

　ただし、統一期では支店長や管理職の指示的な要素は弱まってきますが、側面支援を怠ったり、管理をメンバーだけに任せると、なにか問題が起きた時に「混乱期」の状態に戻る可能性があります。そこで、メンバーやチームに権限と責任を委譲するものと、管理者が責任をもつものを明確に分けながら進めていきます。

　チームで成し遂げる喜びと自信が高まると、急速に目標達成に向かう姿勢が変化し、チャレンジングな目標に対しても、やりがいをもって果敢に挑戦するようになります。すると、チームはやがて「機能期」に成長していきます。

（4）機能期
チームとしての機能を発揮しつつ、メンバー個人がリーダーシップを発揮し、自立的に活動する時期

　この期は、支店として最高の状態を表しています。

　個々の行職員やパートタイマーが、さらに成果をあげるために自立的・主体的に物事に取り組みます。それでいて、チーム力を活かして協働し続けます。そこにネガティブな要素はなく、「私たちなら絶対できる」という自信とプライドの下、個人の力を結集して組織目標の達成に向かっていきます。この時の支店長のリーダーシップは、メンバーへのフォローに尽きるようになります。

　機能期について、私がかつて在籍していた支店で起きた事例をご紹介します（第2章2で紹介したIn my case「10期連続最下位からの復活」の店舗改装の後の出来事）。

◇In my case　支店（チーム）の機能期

　レイアウト変更が終わり、11月19日の銀行の創立記念日に、新店舗のオープン記念日として営業を行いました。オープン前日までの1ヵ月半、来店誘致型店舗への変更でオープンの準備に追われ、営業推進はほぼストップした状態が続いていました。そのような中でも、メンバー達は、レイアウトを刷新した店舗で短期間で成果をあげると意気込み、ネガティブな様相は皆無でした。

　ところが、新店舗のオープン後に、レイアウト変更等にかかる多額の営業店負担費が、当期の収益目標に加算されたのです。すぐにメンバー全員に加算後の収益目標を伝えるとともに、支店長である私の認識不足という大きなミスであることを伝え、謝罪しました。

　しかし、メンバー達は加算額の大きさに驚きはしましたが、1人として意欲を減退させることはありませんでした。それどころか、各々の持ち場で自立的に活動しながらも、必要に応じて話し合い、助け合い、苦労しながらも最終的に大きな目標を達成してくれました。

　私が組織で働くうえで最も願っているのは、「働くメンバー全員が主役」であることですが、「機能期」はそれが実現された状態を表しています。

第1章

第2章

第3章

第4章

第5章

117

4

リーダーのコミュニケーション術

———リーダーはコミュケーション力を磨くべし。
コミュケーションの質と頻度が支店経営を左右する。

　リーダーのコミュニケーションは、リーダーシップを機能させて成果をあげるために重要な要素の1つです。

　以前は、上司と部下が「あ・うんの呼吸」で物事を進めたり、上司からの断片的な情報を受けて、部下は上司の想いや考えを察して動くことができていました。しかし、現在ではそれが望めない時代になっています。また、営業店で取り扱う業務やサービスは多様で複雑になっています。そして、顧客が求めているものは、潜在的・顕在的にかかわらず、個別性が顕著になっています。

　お客様のニーズの聞き取り、業務の指示・命令や情報伝達、メンバーの育成、ビジョンや役割の理解等、あらゆるものがコミュニケーションを通じて進められ、今やコミュニケーションの質が仕事の成果を左右するといっても過言ではありません。さらに、テレワークの利用や、非対面での顧客対応が日常的になりつつあり、それに伴う新たなコミュニケーションのあり方が求められています。

　そこで、本節では、支店経営者として必要なコミュニケーションとそのポイントに着目します。

1 リーダーの3つのコミュニケーション

　管理者のコミュニケーションの基本的な機能は、「信頼関係を構築する機能」「情報を伝達する機能」「他者の行動を促す機能」の3つです。

（1）信頼関係を構築する機能

　営業店のメンバーや取引先との関係を良くするため、または人脈を増やすためには、人間関係や信頼関係を構築することが基本です。そのためには積極的にコミュニケーションをとることから始める必要があります。

　ご承知のとおり、その第一歩には相手との積極的な挨拶が欠かせません。「何を今さら」と思うかもしれませんが、ここで、あえて、管理職の方々にも日頃の挨拶について振り返っていただこうと思います。

①　存在承認としての挨拶

　挨拶とは、禅宗において僧が問答を繰返し合う、また、声を掛け合う「一挨一拶」の意味として使われたとされます。現在では対人関係を円滑にする重要な基本行動の１つで、相手を認知したことを告げることや、相手への尊敬や親愛の気持ちを表すことが目的です。つまり「存在承認」を示すともいわれています。これは、どのような関係性でも同じことがいえますが、ここでは部下と上司の関係で解説します。

　上司に挨拶をした部下は、挨拶という行為行動を通じて、「上司の存在を認知した」というメッセージを送ります。そこには上司への敬意や尊敬、または親愛の意味が含まれているかもしれません。それを受けた上司は、部下に対し認知や親愛を表わすために挨拶を返します。つまりお互いが相手に対する「存在承認」の合図を送っているのです。

　ところが、残念ながら「承認」を感じる挨拶とそうでない挨拶が存在します。特に、職場の上司の挨拶の良し悪しは、部下のモチベーションを左右すると言っても過言ではありません。

　例えば、上司に挨拶をした部下の側に立てば、上司から挨拶が返ってこなかったり、目を合わさず気のない挨拶が返ってきたりすると、最初は困惑します。そして、次第に上司に腹立たしさを感じるようです。

　管理職の皆さんも、上司である役員に挨拶をしたのに返事が返ってこなかったり、目を合わせてくれなかったらどのように感じるでしょうか。

119

役員はただ考え事をしていたために、挨拶されたことに気がいかなかったかもしれません。しかし、皆さんは「何か失礼なことをしたのか」とか「嫌われているのだろうか」など、様々な憶測をしてしまうのではないでしょうか。

　挨拶の良し悪しは、相手との人間関係や信頼関係、そしてモチベーションにまで影響を及ぼします。たかが挨拶、されど挨拶と心に留め、以下の基本要件が習慣的にできているかを振り返るとよいでしょう。

〈表情〉

　上司の暗い表情は、部下に大きく影響を及ぼします。上席の役職者や役員から暗い表情の挨拶が返ってきたら、「朝から不愉快」「嫌なことがあっても表情に出さないでほしい」と思うこともあるでしょう。

　あなたの部下も、上司であるあなたに対して同じように感じています。

　組織の雰囲気や空気は、支店長によって決まります。支店長が明るい挨拶をしていれば、部下も同じような挨拶をするようになります。なお、明るい挨拶は、笑顔で声をワントーン上げるか口角を上げることで実現できます。

〈継続的に〉

　忙しい時や気分が落ち込んでいる時など、自分の都合で相手に対する挨拶を変えるのではなく、どんな時も同じような挨拶をすることです。

〈先に〉

　少し前は、挨拶は目下からすることがあたり前といわれていました。しかし、現在では相手に気づいた方が先に挨拶します。職位に捉われず、相手の存在を認識した方から先に挨拶することが大切です。また、その行為が相手への承認になります。

　もしあなたの周りに挨拶をしない部下がいるとすれば、どこかに挨拶をしない先輩や上司が存在するということでしょう。

〈プラス一言〉

　挨拶のあとに続けて一言言葉をかけることは、窓口でも顧客とのリレー

ションを図るきっかけとして実践されています。コミュニケーションで
大切なことは、量より頻度です。あなたは普段、挨拶のあとの短い時間
で部下とコミュニケーションを交わすことができているでしょうか。

〈目線を大切に〉

　目を見ることで、相手に対する誠実な想いが伝わります。逆に、目を
見ない中途半端な挨拶をされると、受けた相手は不信感を抱きます。特
に上司から部下への中途半端な挨拶は、部下のモチベーションを下げる
だけでなく不安や不信の感情を抱かせ、必要な報告を遅らせるなど、部
下の行動の抑制に繋がることがあるので注意が必要です。

◇Voice｜**部下とのコミュニケーション**（大企業・部長職Aさんの例）

　あるコミュニケーション研修に参加した時のことです。そこには、経営
者、アナウンサー、会社の管理職、居酒屋の店長、研修講師等、様々な業
種の人々が集まっていました。その中に、大企業の部長職Aさんが参加し
ていました。Aさんは一昔前の管理職を髣髴とさせる威厳ある風貌の紳士
で、居心地が悪そうながらも、私たちとともに数々のワークをこなしてい
ました。

　「承認」のワークが終った時に、Aさんの「だからうまくいかなかった
んだ」とポツンと漏らした一言が聞こえてきました。そこで、Aさんにこ
の研修に参加した理由を聞いてみると、「部下が思うように動いてくれな
いし、成果もあがらないんです。それがなぜかわからず、勇気をだしてこ
の研修に参加してみました。普段の自分の言動が部下のやる気を削いでい
たことがわかりました。私は、部下からの挨拶すらまともに返したことも
なかった」と話してくれました。

　その後、Aさんとはコンタクトをとっていませんが、きっと部下に慕
われるリーダーとして経営の一端を担われていることでしょう。

② **相手の話を聴く**

　あなたは人と会話をしている時、「聴く」と「話す」ではどちらが多く、
その割合は何パーセントくらいでしょうか。

一般的に、人は「話すことで癒される」という特性をもっているために、聞き上手は人に好かれるといわれます。理想的な割合は、「聴く」が7割、「話す」が3割とされています。実際には8割と2割を意識するくらいでよいでしょう。なぜなら、人は無意識に多く話してしまうからです。

　しかし、顧客と話すときには上記の7割と3割が実践できていても、部下に対してはつい無防備になり、「聴く」が3〜2割、「話す」が7〜8割になることがあるようです。部下と上司との面談の場面で、部下の悩みを聴きながら「わかるよ。私もそんな悩みを抱えたことがあったよ。私の場合はね……」などと、自身の過去の成功体験を話し続ける上司の姿は容易に目に浮かびます。そんな上司にウンザリする部下も少なくないでしょう。

　また、管理職向け研修の際、ジェネレーションギャップを理由に、「部下が何を考えているのかわからない」と困惑する管理職の多さに驚きます。その都度、私は「わからなければ、部下に尋ねるしかないのでは？」と提案しています。あたり前のことですが、それを実践されない管理職があまりにも多いように感じます。

　人間関係を構築するには、その人の価値観、目指すものなどを理解し、相手を受け入れることから始めることが肝要です。それには、聴く姿勢（傾聴）と質問のスキルが必要です。

（2）情報を伝達する機能

　業務上、交わされるコミュニケーションのなかで重要な役割を担うのが、報告・連絡・相談です。さらに管理職は、情報の周知や仕事の指示といった、伝達のためのコミュニケーションが必要になります。

　これらのコミュニケーションで大切なことは、「相手が理解したか」ということです。部下と上司、先輩と後輩の関係で、「言った」「聞いていない」が問題になることがあるようですが、リーダーは「伝わったか」「理解したか」を意識しながら話すことが肝要です。

相手が理解するためには、わかりやすく工夫して伝えることと、誰もが理解できるようにやさしい言葉を使って伝えることが必要です。わかりやすく工夫して伝えるためには、管理者のプレゼンテーション力を磨くとともに、事前に話の組み立てを行い、必要に応じて図表や映像等を使いながら説明します。そして、1度に多くを伝えるのではなく、適宜質問や復唱を行い、理解度を確認します。

また、解釈が複数できる難解な熟語や漢語、英語を使わずに平易なひらがなで伝えること、論理と事例をセットで伝えることも効果的です。伝達や指示をしても相手に理解されなければ、伝えていないことと同じです。

（3）他者の行動を促す機能

コミュニケーションには、他者の行動を促す機能があります。管理者が意図した成果をあげるために、上司や部下にかかわらずこの機能を活用します。

特に支店経営者には、部下が自立的に行動を起こすためのコミュニケーション力が問われます。部下が自立的に行動を起こすには、部下に自身の支店経営への想いを伝え、部下がその想いや目的に共感し、組織や個人の目標や責任に納得する、というプロセスを踏む必要があります。想いを伝える時には、段階的に丁寧に伝え、理解と納得、そして共感を得ることが必要です。最初は全員に公平に、次にキーマンとなるリーダーに、最後に納得できていない部下がいれば個別に対応しますが、この時、相手の価値観や目指すものを理解し、相手に応じた対話を展開することが必要です。

最近では、部下をもつ管理職が身につけたいコミュニケーションスキルの1つが「コーチング」といわれます。日本ではヤフー株式会社が初めて導入し、今では様々な企業が取り入れている「1 on 1 ミーティング」がその好事例といえます（第4章6の1参照）。

2 コーチング的コミュニケーションスキル

　管理者の皆さんは、部下が大きな目標や業務上の課題を抱えて行き詰まっている時、どのような対応をしているでしょうか。「叱咤激励」や「アメとムチ」的なコミュニケーションもあるでしょう。また、個別ミーティングで指導するケースもあると思います。いずれにしても、管理職は、部下の話を聞きながら、自身の体験に基づいた指示やアドバイスをしがちです。しかしそれは、部下にとって有益なことではありません。上司のアドバイスや指示が部下の気づきに繋がるといったケースもあるでしょうが、多くの場合、部下のやる気を削いでしまうだけではなく、考えるのを止めて「言われたようにすればよい」などと依存性を高めてしまう懸念があります。

　困ったときが部下の成長のチャンスです。このような場面では、部下が自ら考えて行動することを促す、「コーチング」が有益です。

> ▶ コーチング
> 　管理職がコーチとなり、部下の課題解決や目標達成を支援するコミュニケーションスキル。

　「コーチング」の主役は部下であり、部下自身が「目的地」や「やり方」を決め、その責任を負います。上司はマラソンの伴走者と同じで「今、どこにいて、どんな状態なのか」を伝え、部下の自発的な行動を促進する役割を負います。

　また、コーチングには「コーチングサイクル」があり、そのサイクルに沿って会話を進めますが、実は、コーチングサイクル（**図表13**）と問題解決のステップ（**図表14**）は、ほぼ同じステップを踏んでいます。

　ここから、コミュニケーションの基本とコミュニケーションスタイル、そしてコーチング的なコミュニケーションのポイントとなる傾聴、承認、質問を取り上げてみていきます。

■図表13　コーチングサイクル

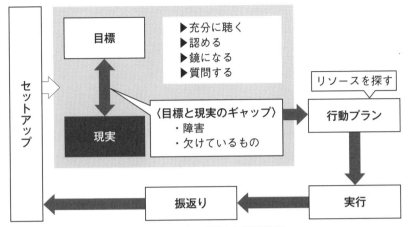

（出所）NPO法人ヘルスコーチ・ジャパン「ベーシックコーチングテキスト2020／3.25改訂版」

■図表14　問題解決のステップ

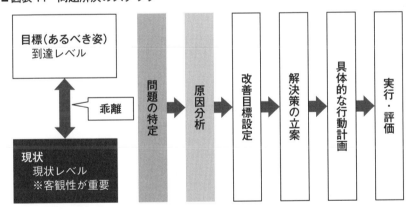

（1）コミュニケーションの基本

　コミュニケーションとは、お互いの考えや意思を伝達する相互意思伝達機能です。人の心の中や頭の中は見えません。互いに会話を交わし、人間関係を構築しながら互いの理解を深めます。また、コミュニケーショ

ンは相手との信頼関係を築くためにも欠かせないものです。

　コミュニケーションには、大きく分けて「言語コミュニケーション」と「非言語コミュニケーション」があり、この2つを使って相手に伝達しています。

> ▶言語コミュニケーション
> 　言語や言葉遣い
> ▶非言語コミュニケーション
> 　視覚情報（表情、服装、仕草、身振り手振り）
> 　聴覚情報（声の大きさ、イントネーション、トーン）

　発信側が、矛盾した言語コミュニケーションと非言語コミュニケーションを発信した場合、受信側はどちらのコミュニケーションに影響されるでしょうか。

　　例：部下がミスをした時、上司は部下をよんで話を聞き、再発しないよう
　　　　注意した。そして最後に「そんなに気にしなくてもいいよ。これから
　　　　頑張ればいいから」と締めくくったが、その時の上司の表情は大変険
　　　　しいものだった。部下は委縮してしまい、翌日またミスをした。

　上司が発した「そんなに気にしなくてもいいよ。これから頑張ればいいから」という言葉は、部下を励ますものです。しかし、その時の上司の表情は大変険しく、両者に矛盾が起きています。それを受けた部下は、瞬時に上司が発した言葉（言語コミュニケーション）よりも視覚情報と聴覚情報（非言語コミュニケーション）を優先して受け取り、上司は本当は怒っていると、その心情を理解したことで委縮してしまった事例です。

　つまり受信側は、発信側が発信している非言語コミュニケーションを優先して受け取るということです。しかもその割合は非言語コミュニケーションが93％、言語コミュニケーションが7％といわれています（メラビアンの法則）。しかし厄介なことに、人は発信側にいるときには、

今どんな言葉を発するべきかを脳で考えて発信しますが、その時の表情や声のイントネーション・トーンは無意識だといわれています。これでは、受信側に発信側の本音が伝わってしまいます。

　したがって、発信をする際には、言語と非言語に矛盾のないコミュニケーションを心がけることが肝要といえます。

（2）傾聴力を高めるための技法

　傾聴力を高めるとは、聴き上手になるということに尽きます。ここで、相手の話を聴くために必要な技法を紹介します。

　一般的にコーチングでは、アクティブリスニング（積極的傾聴法）という、相手が心を開くことでもっと話したいと思う傾聴姿勢を活用し、相手（部下）の話を注意深く共感しながら丁寧に耳を傾けます。また、コーチ側（上司）の興味で聴きたいことを聴くのではなく、相手（部下）が話したいことや伝えたいことを、共感的な態度で真摯に聴くことをいいます。いずれにしても、アクティブリスニングはコミュニケーションの基本技法です。

〈傾聴の基本技法〉

① **聴く・話すの割合は7：3**

　　前述のとおり、聴く・話すの割合は7：3が理想とされていますが（本章4の1（1）参照）、人は無意識に多く話してしまうので、実際には8割と2割を意識するとよいでしょう。

② **非言語コミュニケーションを活用する**

　　非言語コミュニケーションは、言語コミュニケーションに比べ、聴き手に心理的な影響を及ぼします。

　表情：笑顔が基本。あるいは話す相手の表情に合わせた表情をつくる
　　　　ことで、共感を表現できる

　視線：話す相手を捉える。よそ見をすると、話し手は、話を終えなく
　　　　てはいけないのではないか、聴き手に不愉快な想いをさせたのでは

ないかなどと不安を感じ、安心して話すことができなくなる

頷きと相槌：適宜頷き、相槌を繰り返す。それだけで相手は聴いてくれていると安心する

態度：話を聴くときは、話し手がリラックスして話せるように気を配る。体は話し手の方に向け、足や手を組むのは相手に不快な感情を抱かせる可能性があるので慎む

ペーシング：話すペース、間、声の調子、トーンや呼吸を合わせると短時間で無意識レベルで一体感が生まれ、信頼関係が生まれ始める

③　**言語コミュニケーションのポイント**

言語コミュニケーションにも意識すべきポイントがあります。

リフレクション：いわゆるオウム返し。リフレクションには、相手の話の中でポイントとなる「事実」や「感情」を繰り返す方法と、話した内容を要約する方法がある。リフレクションは、自分が話した言葉を聴き手から聴くことができるため、「肯定的に聴いてもらった」という安心感や信頼感が生まれ、効果的な技法となる。また、相手を承認することと同じ効果がある

　　例：部下「何度も通った事業所から新規の借入申込があり、とても嬉しく思いました」

　　　　上司（事実をリフレクション）「何度も」「借入申込」

　　　　上司（感情をリフレクション）「嬉しかったんだね」

　　　　上司（要約）「今の話は、何度も通って成果が出たということだね」

肯定的な表現：否定の接続詞は極力使わない。「でも」「しかし」「いやいや」など

提案・アドバイス：話が終わるまで、一旦脇に置く。相手が求めた時にはアドバイスや提案を行う。また、上司側からアドバイスや提案をする時には、「私からアドバイスをしてもいい？」と相手の了解を求める

なお、これらの技法に加え、次に取り上げる「承認」と「質問」があ

■図表15　欲求5段階説

りします。すべてを意識することは管理者にも負担になることがあるので、まずはできるところから始めてみるのもよいでしょう。

（3）承　認

コーチングにおいては、相手を尊重しその存在を認めることを「承認」といいます。英語では Acknowledgment で、「そこにいることに気づく」という意味があります。これが、「名前をよぶ」「目を見る」「挨拶をする」などが承認といわれる所以です。

また、マズローの「欲求5段階説」のピラミッドでは、4段目に「承認欲求」があります（**図表15**）。人は誰もが人から認めてほしいと願っているのです。

▶欲求5段階説

アメリカの心理学者であるアブラハム・H・マズローが提唱した、人間の欲求を5段階のピラミッド型に表すことができるという心理学論。

「承認欲求」が満たされないままでは不安が募り、仕事においても最大のパフォーマンスをあげることができません。その不安を取り除くた

■図表16 「承認」と「褒める」

承　認
・仕事を任せる
・名前を呼ぶ
・挨拶する
・笑顔を向ける
・意見を求める
・プレゼントする
・誕生日を覚えている
・話を最後まで聴く
・人に紹介する　他

褒める

めには、相手を尊重してその「存在を認める」こと、つまり「承認」することが必要なのです。

　また、相手（部下）を大切に思い、「相手（部下）の変化、成長、成果に気づき、それを言葉で伝える」ことも大切な「承認」です。「承認」に値する行為は数多くありますが、注意すべきは、「褒める」と「承認」は同義語ではないということです。この2つを同義語だと思っている管理職が多く、相手を「承認」しないといけないとの考えから、取ってつけたように褒めたり、思ってもいないことを褒めることがあるようです。しかし、「褒める」は「承認」のごく一部です（**図表16**）。

　無理に褒めることは、部下に不信感を抱かせる（「本当にそう思っている？」と思わせる）可能性や、部下の依存性を強める（「これくらいの成果で褒めてもらえるのか」と思わせる）ことに繋がりかねません。それよりも、相手（部下）の変化、成長、成果に気づき、それを言葉で伝えることの方が部下の成長に役立ちます。

　この場合、YOU（あなたは）メッセージとI（私は）メッセージ、そ

して WE（私たちは）メッセージを使いながら承認することで、相手（部下）のモチベーションは格段に上がるでしょう。

YOU メッセージ：「A さんの朝の挨拶は明るい」

I メッセージ：「A さんの明るい朝の挨拶で、私もやる気になる」

WE メッセージ：「A さんの明るい朝の挨拶で、支店の皆が力づけられる」

　承認には、日頃から相手（部下）をよく観察して事実を伝えるプロセスが重要です。

（4）質　問

　質問を有効に使えば、部下を成長させることができます。人は質問されると脳に空白が生まれ、それを埋めようと考え始めるといわれます。第4章に詳しく述べますが、リフレクションミーティングや1on1ミーティングは、部下にとって有効な質問を繰り返すことで、部下の心や頭の中にあるものを整理したり、気づきを与えることで行動促進に繋げることができる面談です。その時の部下には、やらされ感はありません。自分で決めた（自己決定感）、上司がサポートしてくれている（他者受容感）、自分にもできそうだ（有能感）がめばえ、内発的動機づけに繋がっているはずです。

①　質問の段階

　部下にいきなり答えにくい質問や難易度が高い質問をすると、その場に不安や緊張感が生まれ、心を開かないかもしれません。最初は、安心・安全、ポジティブな場づくりのために、場を和ますYESクエスチョンや、答えやすい質問クローズド・クエスチョンなどから始めます。

〈第1ステップ〉YESクエスチョン

　必ず相手からYESを引き出す質問。場を和ませたり関係性を作るためには有効

　・「昨日は投資信託の実績をあげてくれたね」

　・「今日は君の誕生日だね」

〈第2ステップ〉クローズド・クエスチョン

　　クローズド・クエスチョン：YES・NO で答えられる質問。質問され
　　　た側は答えやすい

　　・「投資信託は獲得しやすい商品かな？」

　　・「昨日お願いした資料は13時までに揃えられるかな？」

〈第3ステップ〉オープン・クエスチョン

　　オープンクエスチョン：質問された側が自由に応えられる質問。質問
　　　する側が頭を使う

　　・「投資信託を提案する時に心がけていることはどんなこと？」

　　・「これからどんな仕事をしたい？」

　　・「渉外活動の生産性をあげるにはどんなことから取り組めばよいか
　　　な？」

〈第4ステップ〉過去質問プラス否定質問／未来質問プラス肯定質問

　　過去質問プラス否定質問：過去に起きたことと、できなかったことに
　　　焦点をあてて原因を探る質問（なぜプラス○○できない）。機械や
　　　システムなどには真因の究明に活用するが、人に対して使うとネガ
　　　ティブになりがちなので、この場合は次の未来質問プラス肯定質問
　　　を使うほうが望ましい

　　・「どうして、獲得できなかったんだ？」

　　・「何が原因で機械が動かないんだ？」

　　未来質問プラス肯定質問：未来に焦点をあてて、リソースを探す質問

　　・「どうしたら獲得できると思う？」

　　・「何があったらうまくいくと思う？」

②　質問で気をつけること

　部下に質問をする際に、気をつけなければならない点があります。以
下のことに注意することで、部下への有効な質問となります。

　　・質問は、必ず傾聴とセットで使う（沈黙を守る）

　　　※特に部下が考えている時には、アドバイスや追加の質問をせずに

部下が話し出すのを待つ。

・誘導するような質問はしない

※「今度は目標達成してくれるはずだよね？」などは禁物。上司が意図するところへの誘導質問をされた部下は「頑張ります」としか言えなくなる。この質問では部下の成長に繋がるどころか、部下のモチベーションを下げてしまう。

・質問を変える

※部下が答えに困っている質問については、質問の内容をブレイクダウンしたり、質問を変更する勇気をもつ。

（5）コミュニケーションのスタイル

ここでは、「コミュニケーションスタイル」や「コミュニケーションタイプ」などとよばれる、コミュニケーションのとり方の傾向や好みを解決します。

営業店のメンバーやお客様、家族に対し、コミュニケーションがとりにくいとか、噛み合わないと感じたことはないでしょうか。

例えば、部下に質問しても即答しないことにイライラする、仕事を依頼すると事細かに質問してくる部下に面倒くささを感じる、耳の痛いことを単調直入に言ってくる取引先の社長に苦手意識があるなどです。

コミュニケーションの取り方には、誰しも好みのスタイルがあるといわれます。スタイルが異なる相手とのコミュニケーションは、違和感や感情のズレが起こり、不要な誤解を生んだりトラブルに発展したりすることがあります。

コミュニケーションスタイルの違いにより上手くいかなかったことが、私にもありました。

◇In my case 親子でも違うコミュニケーションスタイル

ある日、「頭が痛い」と告げる娘に対し、「熱は計った？」「薬は飲んだ？」「咳は出る？」「病院へ行った？」と、矢継ぎ早に質問しました。すると娘

は、「もういい」と機嫌を損ねてしまいました。このようなことは何度か
ありましたが、私はそれがなぜかわかりませんでした。

　その後、私はコーチングを学び、個人の性格や好みによってコミュニ
ケーションのとり方にも違いがあることを知りました。これは家族との
間でも同じです。
　そのとき、私と娘のコミュニケーションのスタイルは真逆であり、好
き嫌いではなく、コミュニケーションのとり方に相容れないものがあっ
たことが理解できました。感情を大切にするスタイルの彼女は、「大丈
夫？」と声をかけてほしかったのでしょう。しかし、結果を大切にする
スタイルの私は、少しでも早く彼女の「頭が痛い」状態を解決したくて、
「熱は計った？」などの質問をして、彼女を幻滅させていたようです。
　この学びから、今では少し会話を交わして相手のスタイルを想定し、
それに応じたコミュニケーションを心がけることができるようになりまし
た。そして、誰に対しても、すぐに「この人は苦手！」とストレスをた
めることもほとんどなくなりました。管理職の皆さんも、「コミュニケー
ションスタイル」を理解するとともに自身のスタイルを認識し、コミュ
ニケーションによる余計なストレスを軽減することをお薦めします。
　コミュニケーションスタイルを知るための方法には様々なものがあり
ますが、ここでは以下の方法を紹介します（コーチングについて筆者が
学んでいる、NPO法人ヘルスコーチ・ジャパン代表理事最上輝未子氏
の著書『怒ってばかりの子育てが変わるコーチング』より）。
①「仕切り屋スタイル」
②「宴会隊長スタイル」
③「評論家スタイル」
④「天然おっとりスタイル」
　上記4つの中で自分がどのスタイルの傾向が強いのか、どのスタイル
が自身の基本にあるのかを調べてみてください。

〈コミュニケーションスタイルを知るチェック表〉

　各チェック表の4つのスタイルの項目の中から自分に該当する項目にチェックし、スタイルごとにその数を数えてください。

　チェック1〜3の合計の中で1番数の多いスタイルがあなたのコミュニケーションの傾向です。

■チェック1　内側のコミュニケーション──自分で自分を見つめた時

①仕切り屋スタイル	②宴会隊長スタイル
□自分で決めたい　　　　　チェックの数 □人から指示されたくない □雑談が苦手　　　　　　　個 □最初から最後まで任されるのが好き □困難なことほど燃える □叱られると「なにくそ」とがんばる □責任をもってやりたい □達成したい □認められたい □目的のために動く	□楽しいほうがいい　　　　チェックの数 □人に影響を与えたい □目立ちたい　　　　　　　個 □人と同じなのは嫌だ □自由にやりたい □最初から最後まで任されるのが好き □大勢でわいわいするのが好き □反応がないと不安 □褒められたい □気分で動く
③評論家スタイル	④天然おっとりスタイル
□正確にやりたい　　　　　チェックの数 □理由と根拠がほしい □自分のやり方とペースを　個 　守りたい □「とりあえず」「適当に」と言われる 　と困る □突然の変更や曖昧な指示は嫌い □範囲や期限を明確にしてほしい □途中で口を挟まれたくない □自分の内側での納得が大事 □1人のほうが好き □理由と納得で動く	□みんなと一緒にやりたい　チェックの数 □役に立ちたい □争いたくない　　　　　　個 □周りに合わせたい □相手の声や表情が気になる □人に決めてほしい □責任を取りたくない □いい人でいたい □周りの人に気遣ってほしい □感情で動く

■チェック2　内側のコミュニケーション──どうやって褒められたいか

①仕切り屋スタイル		②宴会隊長スタイル	
□わかってくれていれば 　褒められなくてもいい □おだてにはのらないタ 　イプ □褒められるより認められたい □褒め言葉は短くシンプルにしてほし 　い □自分が認めている人から褒められた 　い □賞状やトロフィーがほしい □自分自身より、自分の成果や結果を 　褒められたい	チェックの数 　　個	□いっぱい褒められたい □人前で褒められたい □褒められると何でも 　うれしい □相手がだれでもとりあえずうれしい □褒められて育つタイプ □「あなただからこそ」「さすが」など、 　自分にスポットライトがあたる言葉 　が好き □ちょっとしたランチやプレゼントな 　ど、ごほうびがあると、もっとうれしい	チェックの数 　　個
③評論家スタイル		④天然おっとりスタイル	
□自分が納得していれば、 　別に褒められなくても 　いい □褒めるなら理由を 　言ってほしい □具体的に褒められたい □行った事実に気づいてくれればいい □「あなただからこそ」「さすが」など 　と言われると、「本当かな」と疑いた 　くなる □1対1のほうがいい □陰でこっそり褒められたい	チェックの数 　　個	□いっぱい褒められたい □褒められるのは好き □私だけでなく、チームや 　仲間も褒めてほしい □あんまり褒められると逆にプレッ 　シャーになる □さりげなく褒めてほしい □陰でこっそり褒められたい □「ありがとう」「助かったよ」と言わ 　れるとうれしい	チェックの数 　　個

■チェック３　人からよく言われる言葉

①仕切り屋スタイル		②宴会隊長スタイル	
□しっかり者	チェックの数	□楽しい	チェックの数
□真面目		□明るい	
□責任感が強い	個	□元気	個
□親分肌（姉御肌）		□お気楽	
□頼れそう		□お調子者	
□パワフル		□ポジティブ	
□さばさばしている		□よくしゃべる	
□仕事ができそう		□うるさい	
□さばけている		□声がでかい	
□とっつきにくい（近寄りがたい）		□人が好き	
□厳しい		□落ち着きがない	
□怖い		□活発	
□動じない		□飽きっぽい	
□肝がすわっている		□リアクションが大きい	
□無駄口をたたかない		□好奇心旺盛	
③評論家スタイル		④天然おっとりスタイル	
□真面目	チェックの数	□穏やか	チェックの数
□冷静・クール		□のんびり	
□ポーカーフェイス	個	□おっとり	個
□理屈っぽい		□ゆっくり	
□理路整然としている		□やさしい	
□几帳面		□いつもニコニコしている	
□細かい		□いい人	
□慎重		□マイペース	
□おとなしい		□わがまま	
□静か		□不思議ちゃん	
□客観的		□天然	
□頑固		□自分が好き	
□自分のことを他人事のように話す		□決められない	
□マイペース		□断れない	
□コツコツ物事をすすめる		□言っていることがわからない	

■チェック1〜3の合計

①仕切り屋スタイル	②宴会隊長スタイル	③評論家スタイル	④天然おっとりスタイル
個	個	個	個

　さて、どのコミュニケーションスタイルの傾向が強かったでしょうか。
一般的に、あるスタイルだけがぴったり合うわけではなく、様々なスタイルの要素が混じり合っているといわれます。

　私の場合、上記3つのチェック表の合計は、①「仕切り屋スタイル」
28、③「評論家スタイル」14、②「宴会隊長スタイル」7、④「天然おっとりスタイル」6でした。①「仕切り屋スタイル」の傾向が突出して高く、
特に「チェック1　内側のコミュニケーション――自分で自分を見つめた時」では、すべての項目にチェックがつきました。私自身も①「仕切り屋スタイル」の傾向が1番強いと自覚しています。例えば仕事や家庭の中で、問題発生の報告を受ける際に、経緯や理由、その時の報告者の感情を長々と話されると、「結論から手短に話して」と言いたくなります。また、褒められることに関しても、自分自身が評価していないことを褒められても嬉しいと思わず、むしろ気を使われていると感じ、居心地が悪くなります。ハイタッチやハグも苦手で、それを求められるとどうしたらよいかわからなくなります。これらは①「仕切り屋スタイル」の傾向が表れているのでしょう。

　また、研修を受講している時には、講師の説明が納得できなかったり、
その説明や言葉の意味が自分の認識している理屈に合わないと思うと、
その疑問を解決しない限り、その後の講義が身に入りません。これは③
「評論家スタイル」の傾向といえます。

　だからといって人が嫌いなわけではありません。前職では支店のメン

バーや研修所のメンバーと一緒にいることを心地よく感じました。誰か
が辛い想いや悲しい想いをしている話を聞くと、②「宴会隊長スタイル」
の傾向が表れ、話の腰を折ることなく、時間の許す限り聴くことができ
ます。また、「優しそう」「いつもニコニコしている」など、外からみる
と④「天然おっとりスタイル」の傾向もあるようです。

　しかし、これは仕事とプライベート、家族と友人など、TPOに応じ
てスタイルを変化させているのだと認識しています。

　私の担当する金融機関の支店長研修や次席・代理研修では、このスタ
イルチェックに似たワークを行っています。直近３年くらいの結果では、
様々なスタイルに分かれるものの、１番多いものが②「宴会隊長スタイ
ル」で、１番少ないものが①「仕切り屋スタイル」と③「評論家スタイ
ル」でした。

　しかし、どのスタイルの管理職も、報告の際は①「仕切り屋スタイル」
が好む「結論→理由→経過」の順で報告することが多いため、この結果
に疑問をもつ方もいることでしょう。実は、金融機関では、ビジネス上
のマナーとして「結論→理由→経過」で報告するように習慣化されてい
ます。これはもう好みの問題とはいえません。

　ここで意識してほしいのは、誰もがいずれかのコミュニケーションス
タイルを有しているということです。そのため、自身のスタイルと合う
傾向をもった相手とコミュニケーションをとるのには違和感なく、心地
よく話せるケースが多いでしょう。逆にコミュケーションスタイルが異
なる人と会話をする場合は、話しにくく噛み合わないと感じることが多
いということです。

　話すスピードからも、違和感を覚えることがあります。①「仕切り屋
スタイル」と②「宴会隊長スタイル」の人は早口で話す傾向があり、③「評
論家スタイル」と④「天然おっとりスタイル」はゆっくり話す傾向にあ
ります。

　特に、ゆっくりと理論整然と話す③「評論家スタイル」は、正しさを

大切にするため、会話と会話の間に考え整理する「間」が必要になります。

　早口で感情を大切に話す傾向がある②「宴会隊長スタイル」にとっては、１番の苦手なタイプかもしれません。

　そこで、相手との会話に違和感を覚えたら、このスタイル別のチェック表を参考に、相手が望む関わり方へ変えてみることをお薦めします。すると、苦手な人はほぼいなくなるでしょう。

　なお、コミュニケーションスタイルを活用するにあたり、以下の点に注意してください。

・４つのスタイルに優劣はなく、ただ単にコミュニケーションの好みが異なるだけである

・相手へのスタイルの決めつけは、思わぬトラブルを起こす原因になり得る

・過度にコミュニケーションスタイルにこだわると、しだいにアンコンシャス・バイアスにかかりやすくなる

　高いコミュニケーション力を有することはリーダーの必須条件です。ここで示す高いコミュニケーション力とは、雄弁に語るということではなく、主に「人間関係の構築」と「相互意思伝達」を達成するためのコミュニケーションのことをいいます。前述したとおり、コミュニケーションは能力ではなく、トレーニングで磨くことができます。１つでも２つでも意識して身につければ、必ず支店経営に役立つことでしょう。

第 4 章

自立型の部下を育てる
マネジメントスキル

1

これからの人材育成

─── 人間性に優れ自立した人材を育成せよ。
するとプロフェッショナルとして理念を具現化し
地域社会や企業に貢献できる人財となる。

1 金融機関が求める人材像

「金融機関は人が命」とは、表現の違いこそあれ、多くの金融機関で語られ続けている言葉の1つです。その旗印の下、その時々に求められる人材像や能力に沿って行職員の育成に力が注がれています。

求められる人材像とは、大まかに、組織のミッションを具現化するために備えるべき要素と、中長期のビジョンや事業戦略を遂行するために必要な知識・スキルを身につけた人材です。

前者は長期にわたり変化しないもの、例えば「誠実である」「お客様本位」のようないつの時代にも求められているものといえます。後者は時代環境によって変化するものです。金融機関の人材育成は、この両者を兼ね備えた行職員を育成することを目的にしています。

昨今、第4次産業革命といわれる社会構造の変化や加速するAI時代への対応に加え、新型コロナウイルスの蔓延などによる社会や人の価値観の劇的な変化の最中にあり、金融機関は大幅な事業戦略の見直しが求められています。特に、この時代環境を踏まえた人事戦略や人材育成戦術が展開されつつあるといえます。

2 人材が求める金融機関像

金融機関にとっての「命」である「人」は、組織に何を求めているのでしょうか。

若手行職員の働く目的は、単に地位を上げたりお金を稼いだりするためだけではありません。これからの人生100年時代を生き抜くために、お金では買うことのできない面白さや、やりがいのある仕事、そして成長期待を満たす仕事をしたいと願っているといえます。その願いを満たすことは、若手行職員が少し背伸びが必要なチャレンジングな仕事に挑戦し、実践することで得られる達成感を積みあげ、プロフェショナルとして活躍することに他なりません。

今、人材育成は支店経営者の重要課題の1つです。

3 自立した人材の育成

育成とは、人間性に優れ自立したプロフェッショナルを育てることに尽きます。

> ▶ 人材の育成
> 　企業において、理念の具現化によって地域社会や企業に貢献できるプロフェッショナル人材を作ること。そのために、有能感と自立性を有し、人としてのあり方の優れた人を育てること。

上記で注目すべきは、「自立性を有し」です。人材マネジメントや人材育成に関する実務書では、「自立型の人材」「自律型の人材」といった文字をよく目にします。では、「自立型人材」とは、どのような人を指すのでしょうか。また、なぜ「自立型人材」が求められるのでしょうか。

経営コンサルタントの福島正伸氏（株式会社アントレプレナーセンター）は、「自立型人材」とは、夢や目標を達成するために、自ら考え、行動することができる人材、つまり諦めない人材と定義づけ、人を育て

るということはいかに自立型人材を育成するかに尽きると述べています。

　私が所属していた金融機関でも、人材育成コンセプトを「自ら、STUDY, THINK, ADVANCE」と定めていました。まさに同義であると理解しています。

　前述のとおり、私たちを取り巻く環境変化はますますそのスピードを加速させています。金融業界も例外ではなく、人口減少や少子高齢化に代表される地域社会の変化や、FinTech や AI の台頭、そして金融行政の変革などにより、近い将来、新しい業務領域や業務体制および今までとは異なる働き方に対応せざるを得ない日が到来することは誰もが予測していました。

　そして、新型コロナウイルスの感染拡大がその動きを加速させたといえるでしょう。身近な例でいえば、テレワークや時差出勤をせざるを得ない事態となり、ウェブ会議システムを使ったミーティングや各種セミナーが広がりをみせました。今では「オンライン飲み会」までもが定着し、あっという間に私たちの日々の生活や行動、そして価値観までを大きく変えてしまいました。

　長年、あたり前に行われてきた金融機関の仕事のやり方も、例外なく変化させています。例えば、新型コロナウイルスの感性予防のため不要不急の外出や"3密"を避けることを求められ、長年営業の基本とされていた対面営業を、非対面営業にシフトしなければならない状況です。

　今後、新型コロナウイルスの危険がなくなったとしても、お客様が感じてしまった「対面営業」の危険性はトラウマとなり、ますます店頭離れが進んでいくと予想されます。すると「非対面営業」でリレーションを深める手立てが必要になります。

　従来の金融機関では、組織の規律や慣習から逸脱することなく、指示された役割やタスクをやり遂げる人材が重用されてきました。それは、過去に優れた実績を積んできた優秀な人が支店長に昇進し、支店長はその経験則で物事を判断し、部下に指示と指導を与え、支店を経営してき

たからです。

　しかし、現在押し寄せている環境変化は多様性を肯定して、過去の経験則を陳腐化させてしまう可能性があり、この傾向はますます強くなることが予想されます。

　このような環境で求められる人材とは、「夢や目標を達成するために、自ら考え、行動することができる人材」つまり「自立型人材」に他なりません。「自立型人材」は、課題に直面してもどう解決するのか自身で考えて行動します。それで解決しないときでも諦めることなく、別の手段を考えて行動し、やり遂げることができるでしょう。

　では、自立型の人材を育成するために必要なことはどのようなことでしょうか。その答えは、支店長自身が自立型人材であることです。

4　今求められるスキル

　AI台頭時代、単純作業は"タスク"とよばれ、AIに置き換わっていきます。金融機関でも融資業務や事務系のルーティン業務はAIに変わりつつあります。これからの行職員は、専門性の高い顧客接点サービス業務とAIを活用する仕事を作り出すことが求められます。

　その結果、どのような能力が求められるのか、カッツモデルの3つのスキルを使って考えてみると次のように整理できます。

▶カッツモデル

　ハーバード大学のロバート・カッツ氏が提唱した管理職の能力に関するフレームワーク。広く人材育成や研修内容の設計の際に活用されている。管理職に必要とされる能力を「テクニカルスキル」「ヒューマンスキル」「コンセプチュアルスキル」の3つに分類し、それぞれの役割において必要なスキルの割合を考えるもの（図表17）。

　カッツモデルは、管理職に必要とされる能力を示しています。しかし、これからの人材はプロフェッショナルとして育成する必要があることから、新入行職員の頃からこれらのスキルを意識して身につけていくこと

■図表17　カッツモデル

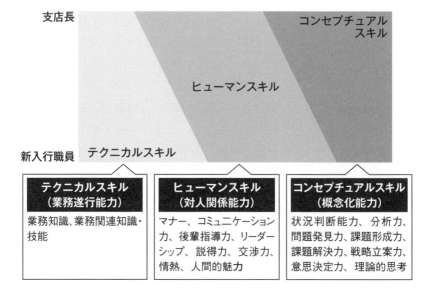

が求められます。

（1）テクニカルスキル

　テクニカルスキルとは業務遂行能力のことを指します。現場で実際に業務を遂行する際に必要となる実践的な知識やスキルのことです。金融機関では、法務・税務・財務・FP 等の業務に関する知識やスキルだけでなく、経済・業界動向など特に広い知識が求められます。最近ではプログラミング、DX の知識やコンサルティングスキルに注目が集っています。

　このスキルは、新入行職員の頃から早期に積みあげることが必要なスキルです。

（2）ヒューマンスキル

　ヒューマンスキルとは対人関係能力のことを指します。行内外の人と

の関係性を高めるための力やメンバーを指導し励ます力、つまりチームを導く力といえます。具体的には、マナー、コミュニケーション力、指導力、リーダーシップ、説得力、交渉力、そして人間的魅力などが求められています。

このスキルは、営業店においては支店長から新入行職員に至るまで必要とされるスキルです。

（3）コンセプチュアルスキル

コンセプチュアルスキルとは概念化能力を指します。物事の状況や構造などを、俯瞰的・体系的に捉えて整理し、定義化・概念化することで、本質を見極めて対応する能力、つまり問題解決や創造的な活動能力と捉えています。

今の時代、コンセプチュアルスキルは、階層にかかわらず、磨くべきスキルです。

具体的には、個別多様なニーズを有する個人や企業へのソリューション営業を実践するには、潜在化・顕在化にかかわらず取引先のニーズや悩みを聞きとるために必要なヒューマンスキルや、中長期の経営課題を解決するために課題解決思考で取り組むコンセプチュアルスキル、そこに必要な知識・技術等を得るテクニカルスキルを磨き上げることが欠かせません。

営業店ではそのことを意識しつつ、育てる側と育てられる側の両者の成長を意図した育成に注力したいものです。

2

迷走する人材育成

───部下はスマホで転職を決める時代。
　　働きにくい職場環境と上司の自己流の OJT が
　　それを加速させると認識すべき。

1 なぜ部下が辞めるのか

　ここ数年、金融機関の若手行職員の離職が進んでいます。入行3年以内で辞める人と、すでに活躍中、もしくは今後活躍が期待される4年目以上の行職員の離職増加に、金融機関という職場の危うさを感じます。

　読者の中にも、突然部下に「辞めたい」と言われた経験のある方もいるでしょう。

　特にここ数年は、複数の金融機関の人事担当者から、「4年目以上の中堅行職員が外資系の保険会社や取引先等に転職する」という話を耳にします。厳しい預かり資産の獲得目標を課せられる銀行より、「多くの報酬が得られる」という外資系の保険会社のスカウトの言葉に魅力を感じて転職に至ると聞いたりもしますが、真偽はわかりませんし、理由はそれだけではないでしょう。

　なぜ部下は辞めていくのでしょうか。

　私自身、何人かの若手の部下を見送りました。中には「どうしても接客が苦手」「学校の先生になる夢を叶えたい」など、理想の仕事と違うことを理由に辞めていった部下もいましたが、当時、離職者のほとんどは女性行員であり、結婚・出産による退職でした。しかし、今にして思えば本当にその理由で辞めていったのか、疑問が湧いてきます。

　内閣府が調査した「初職の離職理由」によれば、最も多かった離職理由は「仕事が自分に合わなかった」（43.4％）、次いで「人間関係がよくなかった」（23.7%）、「労働時間、休日、休暇の条件がよくなかった」（23.4%）と続いています。また、同調査では「離職理由の中で最も重要な理由」についても調べていますが、1位2位は前述と同様で、3位が「結婚、子育て」でした（**図表18**）。

　一方、2019年度（平成31年度）の新入社員が就職を決めた理由の調

■図表18　初職の離職理由

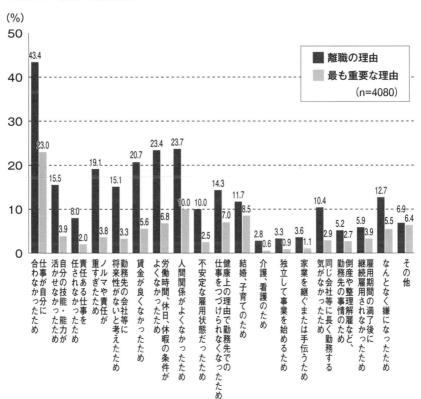

(注)最初の就職先を離職した者について、「離職の理由について教えてください。」の問いに対する回答。

　（出所）内閣府「『平成30年版子供・若者白書』就労等に関する若者の意識」より作成

査では、1位が「自分の能力・個性を生かせる」（29.6％）、2位が「仕事が面白い」（18.4%）となっています（**図表19**）。

　一昔前までは、公務員か大手企業に就職していれば将来は安泰とされ、特に地方では親もそれを望んでいました。しかし、前述の調査からは、今の若者は自身の能力を活かし、成長実感が得られる仕事、没頭できる仕事を求めて就職先を選んでいるようです。つまり、「自分を輝かせてくれる会社」が彼らにとってのよい会社といえるでしょう。

　この背景には、終身雇用の崩壊があります。実感を強くもったのは2008年のリーマンショックでしょう。崩れた終身雇用の現実を子どもの頃から間近にみてきた彼らにとって、初職の会社はすでに生涯働く場ではなく、自身の専門性を磨く場であることが重要なのです。

■図表 19　会社の選択理由（主な項目の経年変化）

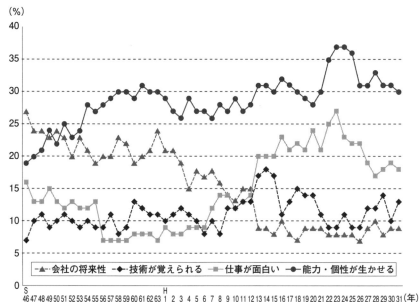

（出所）公益財団法人日本生産性本部・一般社団法人日本経済青年協議会
平成 31 年度新入社員「働くことの意識」調査結果より作成

　私たちが働く金融機関を考えてみると、人口減少や長期にわたる日銀の金融緩和策に影響される収益悪化、デジタライゼーションへの対応、金融行政の変革、そして新型コロナウイルスの経済への影響など、取り巻く環境は日ごとに厳しさを増しています。現に経営統合や業務提携を進めている金融機関も数多く、将来に不安を感じる行職員が金融機関に見切りをつけて退職することもあるでしょう。

　様々な環境変化から、企業の寿命は以前に比べて短くなり、30年後に存続するのはたったの5％の確率であるとの「企業30年説」もあります。人生100年時代を生き抜く若手行職員にとって、この「企業30年説」が前提だとすれば、十分納得できる話ではありませんか。

②　人材育成の課題

　有効な人材育成施策を実行するには、今、人材育成においてどのような変化があり、何が課題といえるかを認識する必要があります。1つずつみてみましょう。

（1）環境変化の課題

①　高度な商品・サービスの展開

　2000年前後、金融機関は投資信託を本格的に取り扱い始めました。それまでのリスク商品の取扱開始といえば、1983年4月の新規国債の窓販や外貨預金でした。特に国債は、今まで取り扱ってきた預貯金とは商品性は大きく異なるものの、期日まで保有すれば額面金額が償還される比較的リスクの低い商品でした。また、外貨預金は相場観を求められる程度の変化でした。

　ところが1997年12月、投資信託委託会社への店舗貸しという形態で、銀行での投資信託の販売が開始、翌年12月には金融システム改革法が施行され、銀行等における投資信託の窓口販売がスタートしました。投資信託は金融機関の行職員にとって、国債や外貨預金の何倍も仕組みの

第1章

第2章

第3章

第4章

第5章

151

複雑な商品であるように感じたことと思います。

　1997年11月、私は当時経済の中枢といわれていた米国の、金融機関やカード会社などを視察のため訪問しましたが、奇しくもニューヨーク証券取引所の視察中に北海道拓殖銀行が経営破綻しました。それから数日後、オハイオ州コロンバスのホテルで当時四大証券会社の1つであった山一証券の経営破綻を知りました。日本は不動産バブル崩壊による不況の真っただ中で、金融機関が大きく変化を求められる時期であったとはいえ、さすがに大手金融機関2社の経営破綻は、当時視察団メンバーだった15人には衝撃的な事件でした。

　しかし、ショックはこれだけではありません。翌日、Heartland Bankという小さなコミュニティバンクを訪問した時に受けた衝撃は、今後の日本において金融機関の役割が変化せざるを得なくなるだろうと予測させられるものでした。それは、約200種類以上の投資信託商品をたった1人の担当者が販売しているという説明を受けたことです。なぜ1人で約200種類もの商品を売ることができるのか質問したところ、「米国では子どもの頃から投資教育を受けているので、お客様には商品の特徴を説明すればよいだけ。そしてお客様のほとんどはインターネットで商品を買う」とのことなのです。

　当時、日本の金融機関のあり方は米国から10年遅れているといわれていました。私たちは、10年経てばお客様の金融リテラシーは格段に向上し、インターネット・バンキングの利用が進み、日本でも同様の状態になると思っていました。

　それから約20年。日本では人口減少による地域経済の悪化や後継者不足問題、加えてマイナス金利政策により、金融機関の収益の柱であった資金利益で収益が得られなくなった金融機関は、既存業務に加え、法人営業部門では事業承継やM&Aなどのコンサルティング業務に、個人営業では保険商品も加わった預かり資産営業に注力しているのが現状です。

　しかし、予想に反して日本人の金融リテラシーはいまだ諸外国に比べて低く、投機と投資の区別がつかないお客様に対して時間をかけて投資のイロハから説明し、投資信託を販売しています。その場で様々なリスクを説明され納得して購入しても、価格変動商品に慣れていないお客様は、価格が下がると往々にして担当者に苦情を言いがちです。その苦情を受けた若手の担当者は「お客様に、悪い商品を販売しているのではないか」と悩むといいます。

　また、AIやFinTechの台頭、金融行政の変革などで行職員自身の存在価値や金融機関自体の将来が危ぶまれていると報じられるメディアからの発信にも、不安を増幅させているようです。

　そして、自己成長と地域貢献を目的に金融機関に入行した若手行職員は、あまりに大きな理想と現実のギャップに悩み、退職してしまうというのも現状なのでしょう。

②　雇用環境の変化

　もう1つの環境変化は、「終身雇用」と「年功序列」、そして「職場の人間関係」です。

　かつての日本は、1度企業に入社し、その企業の論理に沿って求められる働きをすれば、企業側が特に男性社員のライフステージに沿った昇進・昇格と昇給を配慮し、定年退職後の働き先までみつけてくれました。まさに企業と社員の関係は運命共同体に近く、「終身雇用」と「年功序列」が保たれていたようです。これは、社員を企業に止めておくための手段であったとともに、企業にもそれだけの余裕がありました。

　しかしバブル崩壊後、あたり前のように行われていた「終身雇用」や「年功序列」の考え方も変化し、前述のとおり2008年のリーマンショックでは、リストラによる正規雇用者の解雇、非正規雇用の増加と雇用環境が大きく変化しました。

　また、「成果主義」を導入する企業も増加し、一緒に働くメンバーは「仲間」という感覚より「ライバル」の様相を強め、かつて組織がチームワー

第1章

第2章

第3章

第4章

第5章

クを重視して成果をあげた時代は終焉を迎えたといわれています。

　金融機関においても本業での収益減少に伴い、行職員は厳しい目標を課されます。その結果、成果をあげることが優先されて「人間関係」に配慮する余裕がなくなっています。

　さらに、昨今では新型コロナウイルスの影響で、業務中はもちろん業務後の飲食を伴うコミュニケーションなどにより「人間関係」を築くことも難しくなりました。

（2）育てる側の課題

①　管理職のプレイングマネージャー化

　今、部下を育成すべき立場である支店長以下管理職が、プレイングマネージャーとして実務と管理業務の両方を求められています。また、少人数での支店運営や業績向上に奔走するだけではなく、法改正やコンプライアンスへの対応もプレイングマネージャーの重要な管理業務です。一方で、働き方改革を実現するために、生産性向上と定時退行を迫られています。

　これでは時間が足りず、人材育成まで手が回らないというのが本音ではないでしょうか。

②　自己流の OJT

　管理職が OJT 指導の手法を正確に理解していないことも課題として挙げられます。

　自分自身が若い頃に指導された方法が OJT だと思い、そのままのやり方で部下を指導していることはないでしょうか。特に40〜50歳代の管理職は、「俺の背中を見て育て」という上司や先輩のやり方を見習って、または盗んで覚えてきた手法こそが部下指導だと勘違いしてしまいがちです。業務がそれほど高度化していない時代、法人営業でいえば、取引先数と融資額のボリュームの獲得を求められていた時代には、そのやり方でも部下は育ったかもしれません。

しかし昨今では、M&Aやビジネスマッチング、事業承継、事業性評価融資等、金融機関の取り扱う業務内容はこれまでとは比べ物にならない速さで多様化・高度化・複雑化しています。行職員は、就職してすぐ、これらの業務スキルや知識を習得することを要求されるため、それに見合う緻密な計画・準備と上司からの指導など、スケジュール化されたOJTが必要になります。

もちろん、先輩や上司のやり方を自分なりに習得することも必要ですが、少数で運営している今の営業現場では、学びたくても周りに見本となる人がいないという現状も多分にあるでしょう。

③　世代間ジェネレーションギャップ

昔から「3歳違えば何を考えているかわからない」「今の若い者は……」などと言われ、上司と部下のジェネレーションギャップは今に始まったことではありません。

しかし、いわゆるゆとり教育を受けた世代とそうでない世代が互いに感じるジェネレーションギャップは、今までのものとは違ったギャップがあるようです。部下にとっても、組織の理不尽な暗黙のルールや、上司の言動が理解できず、ジェネレーションギャップを感じているはずです。

（3）教育システムの課題

人材育成に正解はありません。しかし、人を育てる時にはそれなりの「教育システム」が必要です。金融機関は、早い段階からOJTとOff-JT、SDS（自己啓発支援制度。self development system）を充実させてきましたが、前述した管理職のプレイングマネージャー化から生じるOJTの形骸化や、実務に直接関係のないSDSなど、教育システムにも課題がありそうです。

3 今どきの部下を知る

───アンコンシャス・バイアスが部下育成を難しくする。
　相手を知ることから始まると心得よ。

　現在、私は、若手や女性行職員研修の講師も担当しています。研修の
冒頭には、受講者の「キャリアアップへの悩み」についてグループディ
スカッションを行い、情報共有を促します。その目的は、受講者との価
値観が異なることを前提に、今回の受講者はどのようなことに喜びを感
じ、どのような悩みをもっているのかを把握するためです。そして、私
自身の銀行員時代の体験を伝えたり、収集した悩みや特性等を基にした
研修を実施し、少しでも思考や行動の変容に繋げていただきたいのです。
　ここからは、それらの情報を基に、特に若手や女性行職員の人材マネ
ジメントを考えます。
　なお、「キャリア」とは、一般的に「職務の経験」や「経歴」を指し
ますが、ここでいう「キャリアアップ」とは、単に職位が上がることだ
けではなく、現在の職務において、より高度な職務経験を積むことを指
しています。例えば、本部の専門部署で自身の専門性を高めることや、
パートタイマーが昇格試験を受けて正規雇用になることもキャリアアッ
プと考えます。

1 若手世代とのジェネレーションギャップ

（1）ゆとり世代とは

　若手行職員を総称する言葉に、いわゆる "ゆとり世代" があります。
ゆとり世代と聞いてどのような行職員をイメージするでしょうか。

　その正確な定義はありませんが、一般的に、2002 年から 2010 年代前半に行われた「ゆとり教育」を受けた世代を、ゆとり世代と一括りに表しています。

　また、ざっくりと生まれ年でいうと、1987 年から 2004 年生まれ（2021年現在で 34 歳〜17 歳）のあたりを指し、2018 年入社の人たちは、小学校入学から高校卒業までほぼ一貫してゆとり教育を受けた世代ということになります。

　ゆとり教育では、小中学校の学習内容が 3 割削減（削減された分は高校に移行）され、授業時数も削減された他、完全学校週 5 日制が実施されました。また、「総合的な学習の時間」が新設され、英語の必修化や、「絶対評価」の導入もされています。

　ここで注意したいのは、彼らは「ゆとり教育を受けた世代」であることだけが事実であって、「ゆとり世代だから云々」という一括りの決めつけは、偏見や差別に近いということです。

　確かに、ゆとり教育を受けたことによる特性はあり、それを知っておくことは有用ではありますが、人は、一人ひとり顔が違うように価値観や人格が異なります。

（2）若手行職員の特性

　ゆとり世代が話題に上り始めた頃から、メディアや書籍、または金融機関の管理職研修で「おとなしく主体的でない」「空気が読めない」「扱いづらい」などと、どちらかといえば批判的な話を聞くことが多かったのですが、最近では「能力が高い」「主体性がある」などと評価する向きもみられます。

　2018 年入社の方たちの大半は、小学校入学から高校卒業まで一貫してゆとり教育を受けた世代と前述しましたが、ここで、ある調査結果をみてみましょう。

　日本は、OECD（経済協力開発機構）が進めている PISA（Programme

for International Student Assessment）とよばれる国際的な学習到達度に関する調査に参加しており、文部科学省の関連機関である国立教育政策研究所が調査しています。PISA 調査は、高校 1 年相当年を対象に、読解力、数学的リテラシー、科学的リテラシーの 3 分野について、2000 年から 3 年ごとに実施されています。

2018 年調査の結果によれば、OECD 加盟国 37ヵ国中、日本は、数学的リテラシーでは 1 位、科学的リテラシーでは 2 位を獲得しています。2015 年の調査では数学的・科学的ともに 1 位（35ヵ国中）であり、調査以降、日本は長期トレンドとしても安定的に世界トップレベルを維持していると分析されています（「OECD 生徒の学習到達度調査 2018 年調査（PISA2018）のポイント」文部科学省・国立教育政策研究所令和元年 12 月 3 日）。

学校教育をそうした環境で過ごしてきた彼ら彼女らは、学びには極めて熱心で、入社前から何らかの資格を取得したり、銀行業務検定試験に合格している行職員もめずらしくありません。また、大学時代は 1 日も休まず授業を受けてきたという行職員もみられます。

つまり、今大切なことは、ゆとり教育を受けたという事実ではなく、一人ひとりの特性や悩みを理解したうえで能力をどのように引き出し、どのように自立した部下に育てるかなのです。

最近、見聞きする若手行職員の特徴を、あえて「強み」と「弱み」に分けて整理してみると、**図表20**のようになります。もっとも、「強み」と「弱み」は表裏一体ですので、あくまでも参考程度にとどめることをお薦めします。

管理職研修の場では、若手行職員の育成上の様々な悩みを聞きます。その悩みの一例として、次のようなものがありました。

◇Voice ┃ **若手育成の悩み①**（地銀・支店長代理）

仕事の指示をしたあと「わかった？」とか「大丈夫か？」と確認すると、「わかりました」とか「はい、大丈夫です」と答えるが、実際に仕事をさせる

■図表 20　若手行職員の強みと弱みの傾向

強み	・真面目で能力が高い ・プライベート重視で自己成長優先 ・情報収集能力が高い ・組織の縦の繋がりより、同期や SNS のコミュニティなど、横の繋がりが大切 ・ルールを遵守する ・安定志向で倹約家 ・価値観が共有できる相手と付き合う ・プライドが高い
弱み	・失敗を恐れがち ・受け身の姿勢 ・打たれ弱い ・現実的 ・合理的 ・競争が苦手 ・すぐに結果や正解を求める ・責任をとることを嫌う ・調和を大切にするが内面は自身の価値観を第一にする頑固さ ・対面のコミュニケーションが苦手

とまったくわかっていなかった。

◇Voice　**若手育成の悩み②**（信金・次長）

　　最近の若手行員は言われたことしかしない。自分から積極的に行動しない。

　なぜ、このような状況が起こり、上司を悩ませるのでしょうか。

　若手行職員の特性からすると、前記の Voice では「わかりません」とか「もう1度言ってください」と答えると「こんなこともわからないのか」と能力を疑われる、後記の Voice では「自信のないことに手を出してミスすると評価を下げられるし、目立つことはしたくない」と考えるようです。この傾向は、金融機関行職員に限ったことではありません。自分の興味関心への没頭や周囲の「褒めて伸ばす」姿勢に慣れていること

など、相対評価ではなく絶対評価重視の教育を受けてきた世代は、自己肯定感や自分ファーストの視点が強く、他者との競争や評価されることに慣れていないためにそれを避けようとする傾向があるといえるでしょう。

（3）若手行職員の悩み

　以下に挙げるものは、複数の金融機関で実施した研修の際に耳にした、若手行職員の本音です。

①　上司の振る舞いに起因する悩み

◇ Voice｜皆の前で怒られる（入行3年目・渉外係の例）

　彼は明るく前向きで、少し話しただけで仕事に熱心に取り組んでいることが伝わってきました。ところが、研修期間中に「退職を考えているのですが……」と意外な相談を受けました。詳しく聞いてみると、普段は可愛がってもらっている上司から受ける、仕事中の叱責が原因でした。

　「上司が、渉外チームのメンバーが揃っている時に、自分だけに怒る。営業の数字も頑張って上げているのに、なぜ自分だけが怒られるのか納得できない。1番嫌なのは、後輩が見ていること。とても辛い」

　どうやら彼の上司は、全員に注意したいことを相談者1人に怒ってみせて、間接的に全員に気づかせようとするやり方でチームマネジメントを行っていたようです。しかも、「部下と信頼関係にあり、彼なら怒られ役になってもらっても大丈夫だろう」と思い込んでいる様子もうかがえました。大声で人を叱責する管理職の姿は周りで見ていても嫌なものですし、自分だけあえて怒られる部下はたまったものではありません。特に後輩の前で叱責されることに大きなストレスを感じているようでした。

　「注意する時は誰もいないところで」は部下指導の基本中の基本です。上司の勝手な思い込みは、時に若手行職員の将来を変える懸念があるということを忘れてはいけません。

◇Voice｜**支店長は認めてくれない**（入庫2年目・投信販売担当の例）

　投資信託の獲得が苦手というこの女性職員は、初めて独力で積立投資信託を獲得できました。そのことを出張中のAさん（支店長代理職）にLINEで報告しました。Aさんは、彼女を熱心に指導していた上司です。

　「苦労したけれど初めて積立投資信託が獲得できました。A代理のおかげです。ありがとうございました。でも、少額の獲得では支店長は褒めてくれませんでした」

　これを受け取ったAさんは、とても辛い気持ちになったそうです。

　上記は、多くの金融機関で見聞きする支店長の残念な対応です。確かに厳しい業績目標をもつ営業店において、少額の積立投信の獲得では、多忙な支店長の目には止まらなかったのかもしれません。もしくは期待した成果ではないから「褒めるに値しない」という気持ちもあったでしょう。

　いずれにしても、支店長の視線の先にあるものは、入庫2年目の部下の成長ではなく、自らが背負う目標数字であるということは容易に想像できますし、おそらく2年目の部下もそのことを敏感に感じとってしまっています。これでは、部下の仕事へのモチベーションは上がりません。

　主に法人営業で経験を積み、預かり資産営業の経験のない支店長の場合は、金融商品を販売することの大変さや苦労が体感できていないため、結果に至る過程よりも、目に見える数字で評価してしまう可能性があります。法人営業とはまったく異なるプロセスを踏むこの業務への理解を深めることは、部下の気持ちを理解することに繋がり、それが部下育成の一歩となるのです。

　その他にも、次のような本音がありました。

◇Voice｜**部下の気持ち①**（入行3年目行員）

　上司が感情的に怒るので怖いし、怒る理由もわからず納得ができない。近寄ることもできない。

161

　上司はいつも忙しそうで、席に近づいても顔を上げてくれないので報告しづらい。報告するように言われるが、タイミングがわからない。また、聞きたいことがあっても聞けない。

　若手行職員は「空気が読めない」「周りを見ていない」などと言われがちですが、彼らは彼らなりの視点で上司や先輩を見ながら、自己判断で言動を決めているようです。また、上司の何気ない言動が、部下を悩ませているようです。

　そこで、そのことが大きなリスクに発展することのないように、注意したいことが2点あります。

　1つ目は、上司や先輩に質問すらできない若手行職員が、自己判断でミスなどを犯したときに速やかに上司に報告ができるか、できないとすると誰に相談するか、ということです。

　複数の若手行職員研修で、困った時に相談する相手は誰かと聞いてみたところ、上司や先輩に加えて「同期に相談する」という答えが返ってくることがありました。私の経験上、同期への相談は自己判断と同等のリスクを感じます。

　2つ目は、若手社員に関する調査で「従来の基準や慣習には反しても、法律に反しないことであれば、どんな手段や方法をとっても問題はない」との回答が年々増加している実態です（公益財団法人日本生産性本部「2018年度新入社員春の意識調査」）。

　昨今の金融機関でも若手行職員が引き起こす問題の中には、ベテラン世代では考えもつかないような事例が発生しています。

　例えば、「取引先から誤って少ない金額の手数料をいただいた。誰にも相談できず、取引先にも差額をいただくようお願いができなくて、自分のお金を足しておいた」などという事例です。また、「2020年1～6月に判明した金融機関の内部事件37件で、20代が11件、30代が8件。

若手、中堅層の犯行が引き続き目立つ」との実態もあります（ニッキン2020年8月28日）

　若手行職員とのジェネレーションギャップが、お互いの距離を遠くしていることにメリットなど何もありません。いつの時代もジェネレーションギャップがあることを理解しながらも、その距離を詰めるためにはどのように関わっていけばよいかを考える必要があるといえます。

② 　金融機関の現状を映す悩み

　以下に挙げるものは、入行1年目から3年目の若手行職員からよく聞く不安の声です。金融機関の仕事に理想や夢をもって入行した行職員が、仕事の面白さややりがいを体感できないままに金融機関のこれからを危惧し、退職を考えているような気さえします。

　組織が掲げるミッションと、現場での実態があまりにもかけ離れていないか、管理職も真剣に向き合う必要があります。

◇Voice｜**若手行職員からよく聞く不安**

・先輩が「ノルマ達成ができてない」と上司に怒られている。自分もノルマが達成できるのか、とても不安
・上司がよく支店長から叱責されている。上司はいつも忙しそうで余裕もない。それを見ていると、いつか自分が管理職になっても、責任が重く耐えられないのではないかと考えてしまう
・家庭と仕事の両立ができるか心配
・AIやFinTechの進展により、金融機関には人が要らなくなるのではないか
・メディア等で、金融機関のネガティブな話題が取り上げられている。金融機関はなくなるのではないか

2 女性行職員の悩みと想い

　上級管理職向けの研修で、「女性の部下は扱いにくい」とか「女性にどこまで言ってよいのかわからない」などの声を、男性だけでなく女性

の管理職からも聞くことがあります。一方で、男性の部下については、「男性の部下は云々……」ではなく、「A君は新入行員の頃から生意気で困る」「B君は案件が取れない」など、固有名詞で個々の問題として取り上げられます。しかし、本当に女性の部下は総じて扱いにくいのでしょうか。

ここに、アンコンシャス・バイアス（無意識の偏見）が働いているといえるでしょう。もし、「女性は……」と考える管理職がいたら、そろそろ「Aさんは……」と部下個人の問題として受け止め、彼女の成長に向けた指導を行うことが必要となります。

ここからは、女性管理職と中堅女性行職員に分けて、現状での悩みを踏まえた人材マネジメントを考えます。

（1）女性管理職の悩みと人材マネジメント

現在では、女性管理職の数は増え、金融機関によっては全営業店に女性管理職の姿を見かけるようになり、その存在は特別なものではなくなっています。

一方で女性管理職からは、よく次のような悩みを聞きます。

◇Voice│**女性管理職からよく聞く悩み**

・自分の担当できる業務に偏りがある
・年上の男性部下の扱いが難しい
・女性でも法人取引先の社長が認めてくれるのか不安
・適切な判断ができるか不安

この他にも、家庭と仕事の両立ができるか不安、ロールモデルがいないなどの声も聞かれます。

女性管理職が抱えるキャリアアップへの悩みや不安は、体力の衰えや親の介護の心配等もありますが、その多くが次長・副支店長、支店長職への昇格が現実的なものになってきたことにより、職位が上がることを想定したものが中心です。職位が上がることへの不安や悩みについては、次の2つのポイントに整理できます。

① **女性はできない理由を探すのが得意**

　金融業界において女性の管理職が増加し、法人営業にも女性が目覚ましい活躍をしている事例がみられるようになりました。男女の違いで能力の差を語ることはナンセンスです。むしろ、違いは男女ではなく個人の差が大きいというべきでしょう。

　しかし、女性管理職の言動には、やはり男女の違いを感じることがあります。例えば、女性管理職は「支店長が務まるか不安」「未経験の業務の判断ができるか不安」と話す人が多い傾向にあります。一方で、たとえ未経験業務であろうと困難な案件であろうと、男性管理職から「不安」や「できない」という言葉はあまり聞きません。

　私の経験からも、部下や受講者をみる限り、男性は50〜60％できていれば何かに不安があっても「できません」と言ってきたことはありません。しかし、女性はできている60％よりも、残り40％に捉われて不安を感じ、「私なんか」とか「○○ができていないから」などの理由で、躊躇したり「できない」と断ってしまう場合があります。そこには女性特有の真面目さや責任感の強さがあり、100％自信がもてないとつい「できない」と口に出してしまうのではないでしょうか。

　実は、私自身も、1度だけ経験があります。

◇**In my case** **支店長の弱音**

　支店長として異動した際の出来事です。その店舗は、私の着任前には地区統轄店でしたが、市町村合併で本店営業部と同じ市になったため、私の着任と同時にブロック店に店格変更しました。しかし業容・法人先数、また人員等、地区統轄店の頃と何一つ変わらず、すべてが前勤務店の倍以上のボリュームです。特に、規模は小さいながら本店営業部と同等の法人先の数に圧倒され、本当に私が支店長を務めてよいのかと悩んだことがありました。

　そこで上司である取締役支社長を訪ね、「この店の支店長は本当に私でよろしいのでしょうか」という愚問を発してしまったのです。すると支社長は「前山、心配するな。営業店は人が配置されていて、組織が作られて

いる。ルールも明確で、支店長が少しくらいできなくても、日々の仕事は回っていくようにできているから安心しなさい」と、笑いながら答えてくださいました。

　今にして思えば、私は支社長に甘えていたのだと思います。「女性支店長が失敗をすれば『やっぱり女性は』と言われる。絶対に失敗は許されない」というプレッシャーが不安に変わり、ついに弱音を発してしまいました。しかし、この時の支社長の暖かいひと言が、私のプレッシャーを一掃してくれました。

　上司は、女性の「できない」を鵜呑みにせず、まずは話を聴いて、彼女の意図することの理解から始めてみるとよいでしょう。

② 　未経験業務の悩み

　女性特有の悩みといえるのが、業務の偏りです。特に、融資業務や法人営業が未経験であることに不安を感じ、将来を危惧する女性管理職が多いことは否めません。

　経験のないことに不安を感じるのは女性特有のものではありませんが、特に融資業務や法人営業を経験していないために、それらの担当役席やフルバンキングの支店長になったときのことを考えて大きな不安を感じるようです。また、融資ができない女性は支店長に昇進し難い金融機関もあるように聞いています。

　もちろん、男性管理職の中にも、初めて内部事務や窓口、預かり資産の担当役席になり、不安を抱える人もいますが、営業店での勤務経験があれば、言葉の意味すら理解できないという業務はあり得ないでしょう。ところが、融資や法人営業未経験の大半の女性役席者は、決算書を読んだことがない、融資担当者や渉外が使う言葉の意味もわからないなどの可能性があります。この状態で融資業務を担当することになれば、本人も周りも大変でしょう。何より、複雑な融資事務が足かせになります。そのことがわかっているからこそ、融資業務が未経験であることに不安

を感じるのは無理もないことです。

　特に、人員が減少した今の営業現場において、誰かに聞きながら融資業務を行うことや、時間外労働で対応することが難しくなっています。融資未経験の女性管理職が融資業務を担当するのであれば、比較的人員が多く配置されており、融資役席者が複数名いる環境が必要となるでしょう。

　現実的に考えれば、彼女たちに無理に融資役席を経験させるよりも、本部における審査トレーニーへの派遣や、法人営業の渉外経験を積ませるほうが早いかもしれません。支店長のほとんどは法人営業の経験が豊富で、融資渉外担当者と帯同訪問をするなど、自ら指導することも可能となります。この間に財務分析などの基本的な知識を蓄えておけば、支店長になってからも融資判断は難しくないでしょう。

　支店長として、女性管理職の不安をどのように解消していけばよいのかは、人事制度など組織の仕組みも絡む悩ましい問題ですが、特に意欲ある女性管理職には、意図的に業務経験を積ませる仕組み作りもまた欠かせないといえそうです。

◇**Voice** ┃ **ある銀行でのアンコンシャス・バイアス**（人事部人材開発課・A課長代理・女性）

　Aさんの職場には、上司である課長（男性）と2歳上の課長代理Bさん（男性）がいました。Aさんは課長代理に昇進して2年目ながら、人材開発に精通し、課長とBさんの信任を得て様々な仕事の成果をあげていました。

　ある時、Bさんが転勤になり、Aさんより2歳下で課長代理1年目のCさん（男性）が着任しました。Aさんは当然、Bさんが担当していた難易度の高い業務をAさんが引き継ぎ、Aさんのこれまで担当してきた業務をCさんに引き継ぐものと思っていました。ところが、課長はBさんの担当業務をCさんに引き継ぐように指示をしたのです。

　Aさんはとてもショックを受け、思い切って課長にその理由を尋ねました。課長はAさんの質問に驚き「特に理由はないが、男性同士だから……」と答えたそうです。そこで、Aさんは、Bさんが担当していた仕事に挑戦したいことを正直に話した結果、課長は課全体の仕事を見直し、A

第1章

第2章

第3章

第4章

第5章

167

さんにも難易度の高い仕事が割り振られました。

今でも所属長が仕事を割り振るときに同じようなことがあるように思います。男女で能力の差はありませんし、同性同士引き継ぐことがうまくいくとは限りません。あるとすれば、経験の差だということを意識し、アンコンシャス・バイアスを取り去っていただきたいと思います。

（2）中堅女性行職員の悩みと不安

中堅女性行職員は、窓口業務や個人営業のリーダーとして、業績だけでなく若手行職員の指導やチームのまとめ役など、支店長にとって頼もしい存在になっていることでしょう。一方で、結婚や出産などをきっかけに、働き方や意欲などが大きく変化する人もいます。

よく耳にする中堅女性行職員の悩みには、次のようなものがあります。

◇Voice｜**中堅女性行職員からよく聞く悩み**

・子育てと仕事の両立ができるか不安
・時短や育休の制度はあるが実際に利用できるか
・管理職を目指したいが、重い責任に耐えられるか
・後輩が思うように育たない
・個人営業の経験ばかりが長い
・法人営業の担当になったら社長が会ってくれるのか不安

①　時短や育休への対応

最近の女性行職員の話を聞いていると、働くことへの意識は一昔前とは違うと感じることがあります。それは今の職場で働き続けるのか、それとも転職を考えているかは別にして、働き続けることを前提にしている人が多くなったことです。だからこそ、キャリアを継続させるなかでの出産や子育てに不安をもつ女性が多いのでしょう。

今は、どちらの金融機関でも育休制度や時短勤務制度等が採用され、子育て世代の女性が働きやすい環境が整備されています。しかし、運用

状況でみると、十分に利用されている職場もあれば、そうとも言い切れない職場もあるようです。

　また、産休・育休制度を利用できたとしても、職場復帰してから仕事についていけるか、産休・育休が昇格昇進に大きく影響するのではないかなど、不安は拭えません。復帰後に時短制度を選択したものの、支店によっては「帰りづらい雰囲気がある」とか、「仕事を引継ぐ相手がいないため時間どおりに帰ることができない」という現実もあるようです。

　ぜひ、次の３点が実行されているかを確認していただきたいものです。

・育休や時短制度について、パート社員を含めた支店のメンバー全員が制度を理解しているか

・制度を利用しやすい環境整備があるか（支店長をはじめとする周囲の理解など応援体制）

・本人が周囲に感謝して意欲的に働いているか

◇Voice｜**ある支店での時短活用**（中堅職員・個人渉外担当・女性２名の例）

　ある支店長から伺った話です。職員・パート合わせて16人程度の支店で、個人渉外を担当する２名の中堅女性職員が時短勤務制度の利用を申し出ました。正直なところ、支店長は、これによって今期の営業推進は厳しいものになると考えました。ところがこの２人は、営業目標を達成するために緻密計画を立て、勤務時間中に効率よく営業を展開し、期末１ヵ月前には営業目標を達成しました。彼女たちの仕事振りは、支店全体に影響を及ぼし、全員が自発的に効率を意識した仕事を自発的に行うとともに、メリハリの利いた活気ある支店に変貌しました。

　その支店長が話してくれたのはここまでですが、この話の主人公は、２名の時短勤務者だけではなく、彼女たちをここまで動機づけた支店長のように思います。２名の力だけで支店全体を変えることは難しいでしょう。

　また、このような状況で気をつけるべきなのは「マミートラック」の問題です。マミートラックとは、産休や育休を終えて復帰した女性が、

上司などの配慮によって単調な仕事や簡単な仕事に就き、キャリアの一線から退くことをいいます。職場復帰した女性行職員に簡単な仕事を担当させることが本人にとってよいことなのか、一人ひとりと向き合い検討する必要があります。せっかくの配慮のはずが、やる気を失う人もいますし、仕事のプレッシャーがなくなり育児に専念できると安堵する人もいるかもしれません。

◇In my case **産休明けの配置転換**

　私自身も、１人目を出産して産休を終えて出勤してみると、担当業務が融資から渉外の簡単な補助に変わりショックを受けた経験があります。同期がバリバリと第一線で仕事をするなか、私の仕事といえば、渉外役席者が作成した計数報告書の検算や還元資料の編綴と電話番だけでした。

　今にして思えば、支店長が私の体調を心配して配置を変えてくれたのかもしれませんが、当時は係替えの理由も告げられず、何のために銀行へ来ているのだろうと悶々とした時期がありました。

　これは40年前のことですが、今でも同じようなことがあることに驚きます。

　大切な子どもを預けてまで仕事をすることで本人が何を得たいのか、これからどうキャリアを積みたいのか、「上司の配慮」とは、まずは本人の意思を確認してできる限り尊重し、働き続けられる環境を提供することといえます。

② 　同じ仕事を続けること

　金融機関によって違いはありますが、一般的に新入行職員は、男女を問わずジョブローテーションで様々な仕事を経験し、研修では融資や財務分析を学ぶことが多くなっています。

　しかし、中堅になると、男性は法人営業、女性は預かり資産営業といった配置が圧倒的に多いことは否めません。実際に、預かり資産営業でコツコツと成果を積みあげて支店収益に大きく貢献し、毎期頭取表彰を受ける女性行職員も現れ、預かり資産営業の女性行職員は花形ともいえる

存在です。

　一方で、能力が高いからと毎期営業目標を増やしたり、"預かり資産営業リーダー"と位置づけ、支店全体の目標達成を丸投げしたりしていることはないでしょうか。また、本人が法人営業を希望しても聞き入れることなく、預かり資産営業をさせていないでしょうか。

　法人営業とは違い、常に契約を追い求める預かり資産の営業を何年も続け、「できるから」という理由で目標がどんどん大きくなる辛さに嫌気がさして、何人もの中堅女性行職員が辞めていくのも事実です。

　余談ですが、男女にかかわらず、希望した業務につけない、同じ仕事が長くジレンマを感じる、ノルマだけが増えていく、などの成長実感がもてないといった悩みは、4年目以上の社員が辞めていく「4年目問題」の大きな原因となっています。さらに、支店長や上司に融資や法人営業を経験したいと申し出ても、「少し待つように言われたままで、支店長が転勤した」「支店長にお願いして、わかったと言われたがその後何の話もない」「融資研修に参加したから、これで融資のジョブローテーションをしたことにしておくと言われた」などの話を聞くことがあります。

　意欲ある中堅女性行職員も、このような状態が続くと将来が見えなくなります。そして、このジレンマから逃げ出したくなり、「結婚するので」「子どもができたので」と何かのきっかけをみつけて辞めていくのです。

　人は、やりがいがあることや楽しいことを続けるためには、様々な工夫を考えるものです。限りある人員で大きな成果を期待される支店経営のなかで、気持ちはあってもそれぞれの成長期待に応えられないといった現実もあります。しかし、大切な行職員の意欲を削いでしまうのも、大切な人材を失うのも、支店長しだいであることも理解すべきです。

　最近、ウェブ会議システムを使って、異なる銀行の3人の女性行員に「融資の基本と決算書の見方」を教える機会がありました。その結果、「決算書が怖くなくなった」「法人先の預かり資産営業でも、決算書が読めると提案がしやすい」という感想を聞くことができました。たとえ担当

業務の変更ができなくても、彼女たちの希望を叶える手段はあるのでは
ないでしょうか。

4

部下育成の原則

―――リーダーの１番の醍醐味は、
部下が「あの上司のおかげで今がある！」と
誰かに語ってくれること。

1 ７：２：１の法則

アメリカの調査機関であるロミンガー社のマイケル・M・ロンバルド
とロバート・W・アイチンガーは、ビジネスパーソンを対象に「人が有
益な能力を身につける際にどのような出来事が役に立ったか」について
調査しました。それによれば、70％を仕事経験、20％を上司からの薫陶、
残りの10％を研修や書籍から学ぶという結果を得たそうです。これを、
部下育成の７：２：１の法則といいます（**図表21**）。

■図表 21　部下育成７：２：１の法則
有益な能力を身につける際にどのような出来事が役に立ったかに関する調査結果

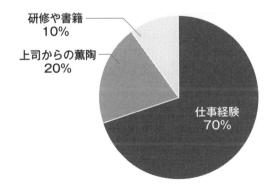

「なるほど思ったとおりだ」「仕事で経験することが１番大事で、研修などは役に立たない」と思われた読者も多いかもしれません。しかし、7：2：1の法則が表していることは、もう少し論理的な観点から仮説を立てたものなのです。１つずつみてみましょう。

（1）仕事経験（70%）

仕事を経験しながら人は成長するといわれます。しかし、ただ仕事を経験すればよいというものではありません。そこには、仕事を能力開発の機会と捉え、計画的にジョブローテーションさせる、担当する取引先の企業レベルや難易度を徐々に上げていく、といった意図的な育成への仕掛け作りが必要となります。もちろん、業績目標の項目を増やしたり、ボリュームや数値を上げたりすることもあるでしょう。

ただし、組織の成果を得るためだけに仕事を与えたり目標レベルを上げたりするのは、ここでいう仕事経験の意図するところではありません。仕事を進めるうえで得られる達成感や成功体験、さらに困難を乗り越えた経験やチャレンジングな体験等は、部下の自立性や能力開発に繋がります。そのことを念頭に置いた仕事の与え方が、仕事経験で育つ秘訣といえます。

（2）上司からの薫陶（20%）

「薫陶」とは「人徳・品位などで人を感化し、よいほうに導くこと」といわれています。上司が自身の背中（行動）を見せ、周りの人に人格的な影響を与えることを意味し、よくいう「俺の背中を見て育て」に近いものです。納得される方も少なくないでしょう。

ただし、これは単に部下の業務スキルの教育を行うことではありません。なぜなら、業務の多様化、高度化、複雑化、さらにスピードを求められるこの時代に、上司の仕事ぶりを見てそれを盗む方法だけでは部下は育たないからです。

　ここにいう「自身の背中」とは、お客様や地域のための本気の活動や仕事への取組姿勢、例えば困難と思われる仕事に果敢に挑戦する姿や諦めないこと、または新しいことにチャレンジすることや常に学ぶ姿勢などを指します。そんな上司の高潔でチャレンジングな仕事への取組姿勢は、感動を伴って部下に伝播するでしょう。

（3）研修や書籍から学ぶ（10%）

　人材は、(1)仕事経験と(2)上司からの薫陶、つまりOJT（職場内研修）で育つといっても過言ではありません。

　では研修は必要ないのかというと、そうではありません。管理職の中には「業務優先だから、研修は断ってもよい」とか「研修に行っても効果が出ない」というネガティブな意見をもつ人もいれば、「現場では教えている時間がないので、研修で学んですぐ戦力になってほしい」など、研修そのものに過度な期待をもつ人もいます。さらに、「現場では教えることのできない気づきを得てほしい」とOJT以外の効果に期待を寄せる人もいます。

　研修のメリットは、1つのテーマを体系的に学べること、専門家（講師）の指導により一定レベルの習得が担保されやすいことです。その反面、学んだことをその場で試せないこと、経費が嵩むことはデメリットといえます。

　このように、良い面と悪い面がありますが、研修に参加することは、職場を離れて客観的に自身の立ち位置や仕事のやり方を見直す機会となります。さらに、講師や受講者間の情報収集から気づきの場となり、能力開発には有益といえるでしょう。

　また、研修の効果が「能力開発の10%」という試算であるとすれば、例えば1年間に1,600時間働いて16時間の研修を受講した場合、1%の時間を使って10%の効果を得るということになり、その効果は大きいとも考えられます。

第1章
第2章
第3章
第4章
第5章

2 部下の能力の最大化

7：2：1の法則から、人材が成長するためには、様々な種類、難易度の違う仕事の経験と、部下に薫陶を与えられる上司の物事への取組姿勢（あり方）、そしてタイムリーな研修や書籍による客観的、論理的な学びが必要だということがわかります。

皆さんの部下たちは毎日、仕事で様々な経験を積んでいますが、どの部下も、上司が期待するレベルに到達しているでしょうか。

残念ながら現実にはそうではないようです。では、「仕事経験」「上司からの薫陶」「研修や書籍」で期待以上に成長してくれる部下を育成するためにはどうすればよいのでしょうか。

「仕事経験」は、OJT を機能させることです。また、「上司からの薫陶」は、日常的なコミュニケーションやミーティングを効果的に活用することが挙げられます。この2点については本章5・6に後述することにして、ここでは研修を効果的に活用するポイントを述べたいと思います。

（1）上司が研修参加前後に積極的に関わる

研修を効果的に活用するには、研修参加前後の上司の関わりが大変重要です。

① 研修参加前

あなたの職場では、部下を研修に派遣するにあたり、部下に対し、事前にその目的や期待を告げているでしょうか。また、部下は目的をもって研修に参加しているでしょうか。

学びに対する知識や経験、身体の準備が整った状態を指す、「レディネス」という言葉がありますが、成人におけるこの状態には、「本人の学ぶ必要性の認識」が含まれているといわれます。研修により新たな学びを効率的に吸収し、実践に結びつけるためには、レディネス（研修の目的や学ぶ理由が明確で、学ぶ意欲の高い状態）を作ることが重要です。

例えば、

「管理職に登用されたのでマネジメントやリーダーシップの知識やスキルが必要になった」

「より高いレベルのコンサル業務を行うために中小企業診断士資格を取得したい」

などはレディネスが形成されている状態といえるでしょう。

　そこで、上司は研修前に、本人自らが参加したいと望む状態が整っているか、本人が目的をもって参加しようとしているかを確認する必要があります。一例を挙げれば、研修派遣の予定を伝える際に、派遣の目的や部下への期待を伝えることに加え、この機会に部下のキャリアへの考え方を聴いてみることも有効でしょう。そうすることで、部下は目的をもって主体的に研修に参加すると同時に、自らのキャリアを考えるきっかけにもなり、研修効果は高いものになります。

②　研修参加後

　研修から戻った部下に「研修を受講してどんなことを感じた？」「興味をもったことは？」「実践しようと思ったことは？」など、興味を示しながら話を聴くことはとても大切です。

　上司・支店長から関心を寄せられることや、自身の能力開発への関与は、部下にとってこのうえなく嬉しいものです。さらに、研修を振り返ることは研修内容を定着させ、新たな気づきを得る効果があります。

　しかし、時に残念な対応をする上司・支店長も散見されます。「あれ、昨日いなかったのはてっきり休みだと思っていた」「何の研修だったの？」などの不用意な発言をすると、当然、部下は意欲を半減させます。さらに、「また研修だったの？最近、研修が多いな」などの言葉に敏感に反応し、参加を希望していた研修に応募しなくなったり、時には人事部からの指名研修にも、忙しいことを理由に断る部下がいると聞いたことがあります。

　上司や支店長の何気ない一言が部下には重く響くことを、肝に銘じな

ければなりません。

（2）研修を実務とリンクさせる

　研修後は、学んだことが実践できる機会をなるべく早く提供することが大切です。必然的に復習する仕組みを作る、またはその知識やスキルを高めることができる自己啓発の情報を提供するなど、側面からのOJTとOff-JT、自己啓発を有機的にリンクさせる仕掛けが必要です。

　人の記憶は忘れるようにできているといわれます。研修中、ロールプレイングで実践できたことでも、時間が経過すれば研修時のようにできないことがあります。時間を置けば置くほど、日が経てば経つほど、学んだことを再現したり正確に思い出したりすることは難しくなります。1ヵ月も経てば、自分の書いたメモすら解読できずに困ってしまった経験は誰しもあるでしょう。

　ドイツの心理学者であるヘルマン・エビングハウスは、記憶に関する実験として、「子音、母音、子音」から成り立つ無意味な音節を記憶し、時間経過でどれだけ再生できるかを数値化しました。すると、1時間後には44％、1日後には26％、1週間後には23％、そして1ヵ月後には21％しか再生できなかったのです。つまり、「時間が経つほど記憶は減る」ということがわかります。

　6ヵ月先に融資業務に配属する予定の預金担当者を、今、融資オペレーション研修に派遣しても、ほとんど意味がありません。業務研修ならばその業務を担当する前後に、OJT指導者研修などの役割別研修ならばOJT指導者に任命すると同時に、というように、すぐに実務で実践できる環境においたうえで研修に派遣することが望ましいでしょう。また、研修受講の翌日、朝礼で研修内容を発表することや、レポートの提出を仕組み化して、研修の振り返りと意欲向上を図っている支店長もいます。これこそが必然的な復習の機会を設けている良い例といえます。

　研修と現場実践をリンクさせることで、能力開発は進むのです。

5 必ず機能するOJT

―――仕事体験が部下育成の要諦。
　　「リスクをとって任せる！」は上司の器量。

　部下育成の7：2：1の「7」は仕事経験ですが（本章4の1参照）、
これには OJT が有効です。ここからは OJT を機能させる方法をみてい
きます。

1 教育システムの種類と特徴

　一般的に、金融機関の教育システムには OJT、Off-JT、SDS の3つ
の手法があり、これらを有機的に組み合わせて人材を育成しています（図
表22）。

■図表 22　教育手法の有機的リンク

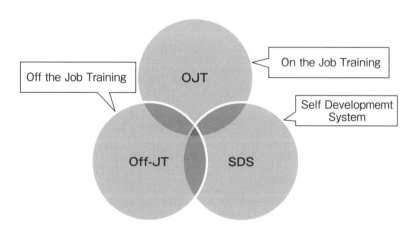

(1) OJT (On the Job Training)

OJT とは「職場内訓練」とよばれ、仕事を通じて学ぶことをいいます。特に、新入行職員や若手行職員の育成では、育成計画に合わせて OJT 指導者も重要な役割を担います。

OJT のメリットとデメリットは、以下のとおりです。

〈メリット〉

・一人ひとりに沿った育成ができる

・学んだことがすぐに実践できる

・理解度や習熟度合いをその場で確認できる

・コストがかからない

〈デメリット〉

・体系的に学ぶことが難しい

・指導者によって、指導の質に差が出る

・指導者の負担が大きい

OJT は人材育成の要諦でありながら、昨今では「時間がないから」「教える人がいないから」と形骸化されつつあります。確かに、OJT で一人ひとりを育てることは簡単でありません。しかし、OJT はマンツーマン指導者だけで行うものではなく、職場全体で共育するものです。支店長が本気で人材育成を大切に想い、そのことを意思表示すると同時に自らも取り組んでいれば、支店全体が人を育てる組織に変化していきます。逆に、支店長が業績を優先して OJT を放棄すれば、成果偏重の支店が作られ、その悪影響が様々なところへ及び、やがて組織の成長も止まってしまいます。

(2) Off-JT (Off the Job Training)

Off-JT は、職場を離れて学ぶことをいいます。例えば、本部主催の集合研修や組織外のセミナーなどで学ぶ場合を指します(新型コロナウイルスの影響でオンラインによる研修が展開されるケースが増加)。

Off-JT のメリットとデメリットは、以下のとおりです。

〈メリット〉

・専門講師による体系的な指導を受けることができる

・対話による新たな気づきや発想を得ることができる

・組織文化の醸成に繋がる

〈デメリット〉

・人的、時間的、費用等のコストがかかる

集合研修は、専門家講師による集中した講義が行われますので、一定レベルの知識やスキルなどの習得が担保されることが利点ですが、それだけではありません。ディスカッション・ワークや休憩時間等の受講者同士の何気ない会話が、成長に結びつく気づきやイノベーションに繋がる刺激・発想などを受講者にもたらす可能性が高いでしょう。

残念ながらウェブ会議システムを活用したセミナーでは、十分にこれらの効果を得ることは難しいと思われます。今後は、e ラーニングを利用して知識等の習得を行ったうえで対面での集合研修に参加するなど、複数の手法を組み合わせた効果的な研修が開発されていくでしょう。

（3）SDS（Self Development System）

SD（Self Development）は、本人が課題をみつけてそれを改善するために学ぶことを指し、「自己啓発」と訳されています。さらに SD に S（System）を加えると、企業の自己啓発支援制度等を指します。

SD は、書籍を読む、組織内外のセミナーへの参加、資格試験受験など、自らの意志で様々な方法を活用し、精神や能力の成長を目的として学ぶことです。つまり、自己啓発では「自らの意思で精神や能力の成長を目的としている」ことが重要になります。

多くの金融機関では、銀行業務検定試験の合格を昇格要件に採用しています。これは、人事側が職能資格制度において、資格要件に相応しい知識の習得や自己啓発意欲の喚起を意図していますが、「合格率が低い」

「試験日に欠席する」などの課題もあると聞きます。これは、上司も部下も、本来の自己啓発の意味や目的をさて置き、昇格するための手段として捉えているからといえるでしょう。

　昇格そのものを否定するわけではありませんが、昨今では、昇格が若手行職員のモチベーションの源泉にはなりにくいという背景があります。多くの若手行職員のモチベーションの上位には、成長実感にあるといわれる今、自己啓発に「何をすべきか」「なぜすべきか」を明確にして取り組む必要があります。

　これら３つの教育システムは、学ぶ目的や到達目標に応じて選択したり、組み合わせたりすることで、成果に繋がっていきます。

2 OJTの前提

　部下育成の７：２：１の法則（本章４の１参照）を前提に考えてみると、仕事経験と上司からの薫陶は現場教育でこそ得られるもの、つまり広い意味での良質なOJTといえます。良質なOJTは人材育成の重要な手法の１つであることは明らかです。

　営業店で部下の能力を伸ばすためには、部下の能力より少しレベルの高い仕事を経験させること、部下に薫陶を与えられる管理職の言動等、営業現場での良質なOJTがポイントになります。しかし、営業現場は業務の多様化、高度化した業務管理と収益獲得、加えてコンプライアンスリスクへの対応等に追われ、十分にOJTが実施できているかは疑問のあるところです。

　そこで、OJTを効率的かつ効果的に行うポイントは、以下のように整理できます。

・部下が挑戦的な目標を設定するのを支援する
・部下が失敗だけでなく成功体験を振り返るのを支援する
・部下が成長した点をフィードバックする

育成力の高い OJT 担当者は、以上の 3 点を意識しながら部下を育成しているという特徴があります（松尾睦『経験学習入門』より）。支店経営者は、これらを意識しながら、営業店の育成・指導体制や手法が整っているか、部下指導にあたる管理職がその役割や手法を理解しているかを振り返ってみるとよいでしょう。

（1）OJT の基本的な進め方

人材育成は、部下を一段ずつ高いレベルに成長させることを目的としています。そのためには、OJT を計画的・意識的・継続的に行うことが原則です。特に、新入行職員や若手行職員、そして新たな業務を任せる行職員に、知識や技術を計画的に教え育てるには適した手法です。

OJT の基本は、①育成計画の策定、②量と質の選定と業務の遂行、③内省支援というステップを踏んでいくことが大切です。

ここで、新入行職員の OJT を例にみてみましょう。

①　育成計画の策定

人事部からの育成の方針や指針に基づき、何をどこまでできるようすにするのか、ジョブローテーションで学ぶ業務やその順序、担当業務ごとの期間を支店で定め、育成指導計画を立てます。

育成指導計画の内容は、事前に新入行職員に説明します。特に、育成期間中の育成方針や成長期待、さらにジョブローテーション期間中のスケジュールを必ず説明します。新入行職員は、同期と自分の担当業務の違いを気にする傾向があります。支店によってジョブローテーションのスケジュールが異なることもありますが、期間中に様々な業務に就いて学ぶことができることを伝え、新入行職員が安心して仕事に取り組めるように準備します。

また、マンツーマン指導者やメンターを紹介するだけでなく、その役割を明確に伝えておきます。新入行職員にとっての心理的安全性を担保するには、それなりの配慮が必要なのです（（2）参照）。

第1章

第2章

第3章

第4章

第5章

② 　量と質の選定と業務の遂行

　次に、実際に新入行職員が行う業務の量と質（到達目標）を決めます。実際に業務を行ってみて、計画した業務の量と質が指導対象者の能力より大幅に高いと思えば下げる、低いと思えば上げるように対応することが大切です。なぜなら、業務の量と質が高すぎる場合は、到達できないことで諦め癖がつく可能性があり、低すぎる場合は仕事への甘えや退屈さを誘発することがあるからです。ここでは、マンツーマン指導者との連携が必要です。なお、一般的に業務の量と質の案分は、８：２が適切といわれています。

③ 　内省支援

　本人の内省支援を行います。内省支援とは、本人が経験学習モデルの「内省」と「概念化」を行い、それを支援することをいいます。具体的には、行った業務を振り返り、成功・失敗もしくは達成・未達を確認させます。さらに成功の場合も失敗の場合もその理由を探り、その原因について本人に考えさせます。気づきが浅いときには、質問やフィードバックで支援します。本人は、経験を振り返ることで得られた学びを次の業務遂行に活かし、同様または類似の仕事の成功率を高めることができます（本章６の２参照）。

　育成計画を基に、このサイクルを繰り返すことがOJTの適切な流れです。

（2）心理的安全性を担保する

　「心理的安全性」とは、単なる仲の良さではなく、「自分の考えや感情を表現でき、本来の自分を安心してさらけ出せる」と感じられる上司との関係性や支店の雰囲気を指し、そのことを職場のメンバーが認識している状態のことをいいます。

　部下が上司に何かを言った時に、「馬鹿にされない」「責められない」と思えて、安心してわからないことを聞いたり、ネガティブな報告がで

きる状態ということです。

　人材育成の場面でも、質問して、「そんなことも知らないのか」「今まで何を勉強してきたんだ」「法律を学んできたんだよね？」などと言われるのが常態化していれば、「わかった？」と聞かれた時、わからなくても「わかりました」「大丈夫です」と言わざるを得ません。

　かくいう私自身も、営業店で法学部卒の新入行員を指導していた時に、商法を知っていればわかるミスをした後輩に「法学部だったよね」と嫌味を言ってしまった経験があり、今更ながら反省しています。

　そして、この心理的安全性は、新入行職員や若手行職員のみならず、管理職・支店長まですべてのメンバーに担保されるべきものです。

（3）指導と育成を使い分ける

　OJTの方法には、指導と育成があります。管理職は、この2つの意味を理解して適正な選択をしながら自立型人材を育成する必要があります。営業店では、支店長が直接指導しないまでも、管理職の指導が部下の成長に繋がっているかを見極め、管理職の育成にあたる必要があります。

①　指導とは何か

　一般的に指導とは、目的をもって教え導くこと、つまり上司（指導者）が仕事の基本的な知識や手順を教えることや、上司自身の仕事のやり方や知識、経験を部下に教え、伝えることをいいます。特に新入行職員や若手行職員の育成には欠かせない手法ですが、その多くはティーチングを使っています。

　指導は、基本的な知識や技術を学ぶには効果的です。行動科学の世界では、行ったことが結果に繋がらない理由は「やり方がわからない」か「やり方はわかっているが継続の仕方がわからない」の2つしかないといわれています。

　ここで、札勘の例をみてみましょう。

あなたの部下は、1万円札1束を札勘する際に、お札の数をどのように数えているでしょうか。1から100を1回、あるいは、1から50を2回でしょうか。

　新入行職員研修で札勘を教える時には、おそらく上記いずれかの方法で数えるように指導されているでしょう。

　しかし、あなたの部下が1から10を10回で数えていることはないでしょうか。途中で10を何回数えたかわからなくなり、現金事故が起きる確率は確実に高くなりますし、現実にこのような事故は起きているようです。

　これは一例にすぎませんが、最近、新入行職員や若手行職員が、まさかと思うような内容の事務ミスや事故を起こすことはよくあります。指導する時には、「これくらいは言わなくてもよいだろう」とか「1度教えたから大丈夫だろう」などと思わず、実際にできているかを見て確認すべきです。

　また、新入行職員や若手行職員を指導する際に、How（どのように）だけでなく、仕事の意義 Why（なぜ）を同時に説明しましょう。すると、その仕事に対する興味が沸き、仕事の習得度も格段に向上します。

② 　原理原則について

　指導に関連して、基本（原理原則）を学ぶということも重要です。どの金融機関にもマニュアルがありますが、そのマニュアルにある仕事のやり方の根拠こそが、原理原則といえます。

> ▶ 原理原則
> 「原理」は物事を成り立たせる根本的な決まりの意で、主として存在や認識に関係する。それに対して「原則」は人間によって社会に適用するために決められた規則の意で、主として人間の活動に関係する。

　上記の原理と原則を分解してみると、以下のようになります。

原理：物事・事象が成り立つ基本的な法則

原則：社会に適用するために定められた基本的な規則・決まりごと

　物事にはすべて基本的な法則（原理）があり、それをうまく動かすための決まり（原則）があるということです。

　前述した札勘の例も、上記があてはまります。日本の4種類の紙幣は、色や図案が似ているために見間違いやすいかもしれませんが、お金のもつ性格上、算定ミスは許されません。これを正確に勘定するために、持ち方、数え方などをルールとして決めているのです。

　さらに、原理原則の引き出しの数は、以降の仕事に必要な応用力にも大きく影響します。仕事は問題解決の連続で、ビジネスにおける基礎知識があるかどうかで解決までのスピードや結果が左右されます。そしてその繰り返しから、効率性や効果性の優れた自分なりの手法が生まれます。

　いつの時代も、新入行職員や若手行職員への教育は、各金融機関で定められた仕事の基本的な業務知識や仕事のやり方（技術）、そして法務・税務・財務などの基礎知識を確実に習得することを優先しています。彼らが、これらを将来への布石として捉えることができれば、資格試験も昇格要件を満たすだけのものではなくなります。

　なお、上司や先輩がもっている仕事の知識や方法を真似ることは、成果を出す近道と思われがちです。しかし、それは上司や先輩が経験を積みあげるなかで導き出された上司なりのノウハウです。そのやり方を学ぶメリットはたくさんありますが、そのノウハウは上司自身が基本を身につけたうえで、年月をかけて導き出された応用といえます。それを新入行職員や若手行職員が真似ることは、時に危険が生じます。

③　育成とは何か

　人を育てるためには、育成という要素も欠かせません。育成とは、人間性に優れ、自立したプロフェッショナルを育てることです。上司は、部下を「自立型の人材に育てあげる」ことを念頭に、教え導く"指導"と、育てあげる"育成"のバランスをとって育てることが必要となります。

　育成では、部下の考えや意思を引き出すコーチングを活用します。

例えば、上司が教え過ぎたり、手を出して助け続けたりすると、部下は「上司に聞けば何でも教えてくれる」「言われるまで自分でやらないほうがよい」などと、しだいに受け身で依存の姿勢が強くなり、図らずも依存型の人材を作ってしまう可能性があります。

　受け身でいると本人は楽ですが、言われることをそのままやるだけで、そこには本人の思考も工夫も見受けられず、極端にいえばそれは作業でしかありません。たとえ成果があがっても大きな達成感は得られませんし、褒められてもモチベーションは上がりません。

　それを回避するためには、新入行職員や若手行職員への仕事の指示や指導の機会に、本人が考える余地を意図的に残す必要があります。

　例えば、基本的なやり方をマスターしたら、「もしもこんなことがあったらどうする？」といったイレギュラーな事例を示し、本人が考える機会を与えます。「どうしたらよいですか？」と聞いてきたら、「あなたはどうしたらいいと思う？」と質問で返してみてください。

　また、段階的に仕事を任せたり、ジョブローテーションを行うことも育成にあたります。

（4）任せて育てる

　「上司から認められたと感じる時はどのような時ですか？」と、様々な研修で聞いてみると、支店長から若手行職員に至るまで、圧倒的に「任された時」との答えが返ってきます。

　しかし、管理職にマネジメントの悩みを聞いてみると「任せられないこと」という答えが返ってきます。なぜ、任せられないのでしょうか。あなたの考えを思いつくままに書いてみてください。

〈あなたが考える、部下に仕事を任せられない理由〉

```
┌─────────────────────────────────────┐
│                                     │
│                                     │
│                                     │
│                                     │
│                                     │
└─────────────────────────────────────┘
```

　様々な任せられない理由があると思いますが、そのほとんどが上司自身の問題ということはないでしょうか。任せられなければ、上司は仕事に忙殺されます。仕事に忙殺されれば人材育成どころではありません。もし、部下に仕事を任せることができたら……。あなたの仕事はどうなりますか？

　プライオリティ・マネジメントにおける「緊急ではないが重要なこと」（第1章4の2（1）参照）に着手できれば、思い描く支店のあるべき姿に一層近づくことができるでしょう。また、部下は「任せられた」ことでモチベーションを上げて、自立的にやり抜こうとするかもしれません。

　任せることと、丸投げすることは異なります。任せるためには、部下への信頼と我慢が必要なのです。

③ 失敗しない任せ方

　仕事を任せる際のポイントを管理職として身につけておくことも大切なことです。ここで、任せるときに気をつけておきたい点をみてみましょう。

・責任を伴った仕事を任せる

　人は、責任を伴った仕事を果たすことで成長します。任せたつもりでも、上司が責任を負い、部下に作業の一部のみを負わせることは、下請けを依頼しただけになり、任せたことにはなりません。責任を伴う仕事を任せたら、結果にたどり着く方法も任せなければなりません。その前提には部下との信頼関係が不可欠です。

・興味や関心のある仕事を任せる

　仕事を任せて部下を育成するために、最初は部下の興味・関心のある仕事を任せましょう。部下の強みを引き出すためには、その人と相性のよさそうなことを任せることが有効です。

・能力・経験より少し高いレベルの仕事を任せる

　部下の能力・経験を基に、誰に何をどれだけ任せるのかを決めます。最初は、部下の得意なものから任せるとよいでしょう。また、部下の能力・経験を勘案し、少し高めで適度にチャレンジングな仕事、つまりストレッチな仕事体験は部下を成長させます。逆に、すぐできる仕事をいくら任せても部下は成長しないことはいうまでもありません。また、今まで経験したことがなく、部下の能力よりもはるかに高いレベルの仕事を任せると、部下は任せられた仕事を失敗することばかり想像し、力を発揮できなくなります。

・期待する成果物や期限と報告のタイミングを約束する

　どの程度の品質の成果物・計数を求めるか、到達目標を明確に伝えましょう。また、任せる時には、すべての仕事の完了期限とともに、中間報告・完了報告のタイミングを決めて伝えます。完了期限は任せた側も任せられた側も必要な目印です。

　曖昧な成果物・期限の提示では、任せた側と任された側との認識に違いが生じることがあります。

・やりたいと思う任せ方をする

　任される側が「やりたい」と思って始められるよう、任せ方に気をつけなければなりません。やりたいと思うことは、主体的に取り組むことへの意思表明です。

　任せる側が説得して任せた場合、障害が発生したり失敗したりすると、任された側は「やりたくなかった」とか「無理にやらされた」などと、他責の言い逃れをする可能性が高くなります。

・定期的にコミュニケーションをとる

やる気のある人ほど「任された以上、できるだけ1人でやり遂げたい」と思い、困った時や失敗した時でも相談せずに進めてしまう傾向があるようです。

そこで、定期的なミーティングを約束し、相談しやすい環境を整えることで、もしミスを犯しても早期のリカバリーを可能にすることができます。

・任せると丸投げは異なる

任せるとは、任せた側が最終的な責任を放棄することではありません。逆に、仕事を頼んだらそれ以降、経過や結果にも興味を示さず、責任を負わないことを丸投げといいます。

以前、ある預かり資産営業の担当者から、「預かり資産はお前に任せた」と言いながら、何の関与も支援もしないという支店長の話を聞きました。預かり資産業務はその性格上、様々なリスクが存在します。加えて、高い目標に対する担当者のストレスは予想以上に高く、そこには人的リスクも内包しています。

安易に部下に丸投げすることは、仕事を放棄することと同じであり、リスク認識が甘いと言わざるを得ません。

効果の出るリフレクションミーティング

―――日常のリフレクション（内省）こそが
　　部下を一流の金融マンに育てる秘訣と心得、
　　上司は部下をサポートすべし。

　リフレクションとは、自己の内省によって自分の行動を振り返るという意味です。人材育成におけるリフレクションミーティングは、仕事や業務の進め方を上司と部下が一緒に見つめ直し、改善していく目的として使われています。

　部下育成の７：２：１の「２」は上司からの薫陶でしたが（本章の４の１参照）、この具体策としてリフレクションミーティングが有効です。ここからは、効果的な活用方法をみてみます。

1　部下の育成を意図した会話を増やす

　最近、１on１ミーティングを取り入れている金融機関が増えてきました。その目的は、上司と部下との関係性の改善、部下の自立的成長であり、部下の離職防止にも役立てようとしています。しかし、環境的に厳しい金融機関の営業現場では、その実行性が懸念されるところです。

> ▶ １on１ミーティング
> 　上司と部下が１対１で定期的に行う対話型の面談のこと。取り扱うテーマは幅広く、その手法は部下が自ら考えをまとめたり、答えをみつけたりできるように、主にコーチングを主体とする。

　１on１ミーティングは、先端的なIT企業が集中する米国のシリコン

バレーを中心に、数多くの企業が実践しています。日本では、ヤフー株式会社が 2012 年から取り入れ、現在では外資系企業を筆頭に、業種を問わず多くの企業が導入しています。ヤフー株式会社の 1 on 1 ミーティングは、原則として、部下 1 人に対して週 1 回 30 分間行われています。

「面談なら自分も実施している」という声が聞こえてきそうですが、ほとんどの金融機関で実施されている「人事考課面談」や「業績評価面談」などとは、その目的や対話のあり方が違います。これらの面談では、人事考課などの結果を伝えることや、仕事の成果をあげることを主眼に会話を進めます。また、部下の弱みや問題を改善する面談が中心で、どちらかといえば上司が多く話をする指導型の対話が多いでしょう。

1 on 1 ミーティングの場合、30 分間で上司は部下の仕事の進捗管理を行い、問題解決をサポートしますが、最大の目的は、部下の目標支援と成長支援、つまり中長期的な自立型人材の育成と、部下と組織のエンゲージメントを構築することにあります。部下と組織のエンゲージメントとは、組織に対する「愛着」「思い入れ」などといわれますが、行職員個人と働く場である金融機関や営業店との「絆を深めること」と理解するとよいでしょう。

面談手法は、主にコーチングとフィードバックが中心となり、仕事をするなかで部下が目指すものや、その目標に到達するためには何をするのかなど、上司は部下の思いや考えを引き出す役割を担い、部下の育成や上司との関係の質を高めるには有効な手段です。

上司の負担は軽くはないと覚悟する必要がありますが、ヤフー株式会社では、1 on 1 ミーティングを「部下のための時間」と定義づけ、その効果を上げています。

私は 2017 年に 1 on 1 ミーティングの存在を知りました。その有効性は理解できるものの、人員配置の厳しさに加えて時間的な制約、また、管理職の負担が大きすぎて、金融機関の営業店では馴染みにくい手法ではないかと疑問をもちました。

そして、その答えを得るために1on1ミーティングを学んだ結果、1on1ミーティングの導入前に、まずは日常の仕事のなかで、部下の育成を意図した仕事の与え方を実践し、「育成を意図した会話」の頻度を増やすことができれば、その効果は絶大なものになることに気がつきました。

　では、部下の「育成を意図した会話」とはどのような会話なのか、次に整理しましょう。

2　日常を活用するリフレクションミーティング

　「育成を意図した会話」とは、業務の指示、部下からの報告や相談等の通常業務のプロセスのなかで、次に説明する「経験学習モデル」のステップを意識した会話を指し、部下の自立的な思考や行動を促すものです。そのなかでも特に「内省的観察と抽象的概念化」が重要で、その鍵となるものが「経験の振り返り」です。人は自身の経験から学びとり成長します。上司はその学びを、会話を通じて支援することが大切です。

　この、育成を意図した会話の機会がリフレクションミーティングです。

　リフレクションミーティングでは、上司と部下との関係性の質を高める効果もあり、それはエンゲージメントを向上させる1つの要因にもなります。なぜなら、上司と部下の関係性の質を高めるためには、コミュニケーションのレベルを上げることが必要となりますが、このリフレクションミーティングにはその条件（コミュニケーションの質と頻度を高める）が備わっているからです。

（1）デービッド・コルブの経験学習モデル

　ここで、経験学習モデルのサイクルを活用したリフレクションミーティングの具体的な手法を説明する前に、経験学習モデルの考え方を解説します。

▶経験学習モデル

　仕事で得た経験を振り返り、そこで得た学びを次の仕事に活かし、さらにその経験を振り返るサイクルのこと。

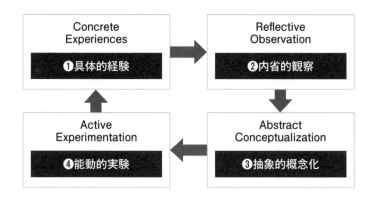

　経験学習モデルのメリットは、仕事の中に学びの機会として組み込んでいくため、日常でタイムリーに実践しやすいことです。

　仕事には成功や失敗があります。それは、仕事を遂行するための様々な条件や行動などの原因や要因によって引き起こされる結果です。

　一般的には、思うような結果が出なかったり失敗したりしたときには、必然的にその原因を探ることを求められますが、うまくいったときの要因を探る機会は少ないようです。成功を褒めると「たまたまです」と答える人がいますが、成功でも失敗でも「たまたま」はありません。経験学習モデルのサイクルを回すことで、その「たまたま」と考えていた経験を整理することで効果的に学ぶことができ、次の経験に繋ぐことができるのです。

　経験学習モデルのサイクルには、具体的経験⇒内省的観察⇒抽象的概念化⇒能動的実験の４つのプロセスがあります。

　つまり、ある経験をして、その経験を振り返り、その経験から自分なりの教訓やパターンを引き出し、それらを別の仕事等に適用するプロセスです。

（2）経験学習モデルのプロセス

　このプロセスについては、部下育成の前に、支店長を目指す管理職自身の成長をイメージしながら、そのポイントとともに説明します。

①　具体的経験（Concrete Experiences）

　学習者の能力より1段階高いレベルの仕事経験や未経験の業務などを、成長を促す機会と捉えます。例えば、本部勤務でプロジェクトなどの部門を超えて連携した経験、新規事業の立ち上げの経験、チームリーダーの経験などが挙げられます。

　例えば、部門を超えて連携するということは、他部署の立場の違いによる価値観やこだわりの違いに触れることができ、視野が広がりますし、多面的に物事を考えることができます。さらに他部署との交渉力や説得力が磨かれます。

②　内省的観察（Reflective Observation）

　次に、上記①具体的経験で体験した経験を具体的かつ多面的に振り返ります。その時にどのような行動をとったか、なぜその行動をしようとしたのか、うまくいったことは何か、うまくいかなかったことは何か、成功・失敗の理由は何かなど、行動したことや考えたことを具体的に書き出します。

　例えば、自店を外訪型営業の店舗から来店誘致型店舗に変革するプロジェクトで、窓口担当者からの反発があり、原因を調べてみると、全員に情報共有がされていなかったことが明らかになったという事例の場合、なぜ、全員に情報共有されていなかったのか、情報共有をする際に何か障害があったのか、全員への情報共有を必要と感じていなかったのかなどを多面的に振り返ります。

③　抽象的概念化（Abstract Conceptualization）

　内省的観察で得られた気づきを基に、次の行動にどう活かせばよいかを明確にする段階です。

　先ほどの例のように、全員に情報共有されていなかったという課題が

明確になった場合には、全体ミーティングの回数を増やす、それぞれの役割が遂行されているかチェックできる仕組みを作っておくなど、ルールやノウハウを形にします。

④　能動的実験（Active Experimentation）

抽象的概念化で得られた学びを積極的に試してみます。

先ほどの例でいうと、形にしたルールやノウハウから、さらに具体的な方法について検討し、実践します。例えば、効果的な回数とタイミングでミーティングを行ったり、業務進捗チェックリストを作成し、全員が見ることのできるフォルダを作成します。そして、この経験をさらに振り返ることで、新しい経験学習のサイクルが始まります。

ドラッカー塾では「優秀なビジネスマンと普通のビジネスマンの違いは、リフレクションをするかしないかの差である」と聞きました。ピーター・F・ドラッカーは、「一流のリーダーは、自己点検を怠らない。リフレクション（反省、振り返り、熟考）を行う」と教えてくれています。

管理職は、日々の業務や頻発する問題の対処に追われるものです。気がついたら終業時間になるといった毎日を過ごしている人がほとんどではないでしょうか。その忙しさゆえに、深く考えなければいけないような大事なことも見逃しているかもしれません。業績の進捗を振り返るように、管理職として、マネジメントやリーダーシップについてじっくり内省する時間が必要です。それが、自身の思考や言動の質の向上に繋がり、支店全体のパフォーマンスを高めることに繋がっていくのです。

3 経験学習モデルを活用した人材育成

経験学習モデルについて、「もし、部下が経験学習モデルのプロセスを自ら踏むことができれば、格段に成長する可能性が高く、自立していくのではないか」と、ピンときた管理職もいるでしょう。

自立している部下は、すでに経験学習モデルのプロセスを踏んでいる

と思われます。

　もちろん、やり方を理解すれば誰もができます。しかし、部下だけで、成長を意図した経験の場や新たな挑戦の場を準備したり、多面的な視点で具体的に振り返ったりすることには限界があります。

　そこで、管理職が経験学習モデルをベースにした育成を行っていけば、部下は格段に成長を遂げます。

　ここから、自立的な部下育成に経験学習モデルを活用するときのポイントをみてみましょう。

（1）具体的経験（意図的な経験を積ませる）

　仕事経験が部下の能力を開発するベースだとすると、仕事の与え方が部下の成長の重要な要因となります。そこで、仕事を割り振る際には、現状の本人の能力より1段階高いレベルや未経験の仕事を与え、成長を促す機会にします。そのときに、なぜこの仕事を選んだのか、この仕事を通じて何を学んでほしいのか、どんな能力をどこまで伸ばしてほしいのかなど、具体的に期待と成長ゴールを伝えます。

　また、上司が成長期待をもって割り振った仕事でも、部下本人にとっては希望していた仕事とは違うという場合もあります。その場合、部下のキャリアプランを把握したうえで、その通過点や到達点と関連づけて成長のゴールを設定し、そのことを言葉にして伝えることで、部下はモチベーションを上げ、本気になるでしょう。

　新入行職員や若手行職員には、各業務において習得すべき知識やスキルを明示することで到達レベルが明確になり、その取組みに効果が得られます。

◇In my case **異動にあたってかけてもらった言葉**

　12年間の本部勤務の後に、自宅から車と私鉄を乗り継いで2時間かかる支店に異動辞令がでました。総合職を選択したために遠方への転勤はやむを得ないと覚悟していましたが、通勤にも仕事にもなかなか慣れないう

えに、義母の介護が重なって過酷な毎日となりました。

　大きな営業店で初めての窓口担当役席を１年、融資担当役席を１年経験し、ようやく２年が過ぎて仕事にも慣れた頃、支店長の昇進辞令をいただきましたが、着任店はさらに時間のかかる郊外の支店でした。

　支店長辞令式で頭取にお目にかかると、「どうだ。少し遠くて大変だが、将来のために激戦区を経験してもらおうと異動を考えてきた。頑張るように」と激励していただきました。

　それまでは、「同じ総合職でも自宅に近い支店に着任する支店長も多い中、なぜ私だけが２時間の通勤を続けなければいけないのか」と、口には出さないものの何か割り切れぬ思いがありました。しかし、頭取の言葉を受け、期待以上の働きをすると自身に誓ったことを覚えています。

（２）内省的観察（リフレクションの機会を作る）

　仕事の結果が出たら、短時間でも部下の経験の振り返りを促すミーティングを実施します。上司が指導役となり、質の高い質問をすることで、若手行職員も効果的な振り返りの習慣を身につけることができます。

　一般的に、平均的な管理職は部下に失敗の振り返りを求めますが、育てることが上手な管理職は、失敗と成功の両方の振り返りを求めます。失敗の原因を探ることは、次に失敗しないために必要なことですが、それだけでは部下の弱みを洗い出し、その是正を求めるばかりになります。

　失敗も成功もその理由や原因を本人に振り返らせて、失敗と成功のパターンを本人に認識させることが必要です。特に成功を振り返ることで、成功の再現性が確保できます。営業でも成功の法則があるように、その人のやり方の中に成功のパターンが潜んでいます。

　振り返りは、具体的に「どのような行動をどのように考えて行ったか」「目標はどこにおいていたか」「成果があがったこと」「上手くいかなかったこと」「それはなぜか」「そのことで何が学べたか」など、部下の話を聴きながら、様々な角度から質問します。

　その時大切なことは、否定しないことと、「いいね」「なるほど」など

の承認の言葉をかけることです。

　また、質問に対する答えがあまり出ないようなら、「他には？」など
の言葉がけと考える時間を与えてください。

（3）抽象的概念化（成功への仕掛けやノウハウのパターン化を図る）

　内省的観察で振り返りができたら、そのことを受けて、今後どのよう
に活用するかを部下に確認します。それを言葉にすることで、自身のルー
ルや成功のパターン化に繋がります。このルール化やパターン化された
やり方の一つひとつができているか確認することで、スランプに陥った
ときも比較的早くそこから抜け出すことができるのです。

（4）能動的実験（パターン化を試す）

　ここでは、部下がルール化やパターン化したやり方を試す段階です。

　上司は、部下の能動的実験に興味を示し、実験の後押しをします。

　実験の結果、うまくいった場合は①具体的経験に進み、新たに意図的
な経験を積ませましょう。もし、うまくいかなかった場合は、② 内省
的観察、③抽象的概念化、④能動的実験で再度振り返り、やり方を試し
ます。

4 リフレクションミーティングの極意

　では、実際に経験学習モデルで失敗と成功を振り返る「リフレクショ
ン」を日常的に行う「リフレクションミーティング」として整理してみ
ましょう。

　前述したとおり、リフレクションミーティングとは「部下が自らの経
験から学ぶことを支援する会話」です。人は、自身の経験から学びとり
成長しますが、そのためには本人が主体的に「経験を振り返る」ことが
その要となります。

　しかし、本人だけの振り返りでは、その範囲も限られるために、経験

からの学びの精度は低いものになります。そこで上司は、部下が経験の中から有効な情報を引き出せるように、リフレクションミーティングを使って支援を行います。

〈内省的観察と抽象的概念化の会話（リフレクションミーティング）の一例〉

① 　一般的な会話

　　A（上司）：多額の投資信託が成約できたね。ありがとう。どうやって獲得したの？

　　B（部下）：はい、既存のお客様から連絡があり、「すぐには使わない資金が入ったので、リスク商品でもよいから何か提案してほしい」と言われ、投資信託をご紹介しました。たまたまです。

　　A：たまたまなんて。そんなことはないと思うけれど、この調子で頑張って目標達成してほしい。頼んだよ。ところで保険商品はどうかな。何か見込みはあるの？

② 　リフレクションミーティング

　　A（上司）：多額の投資信託を成約してくれたね。ありがとう（承認）。どうやって獲得したの？（質問）

　　B（部下）：はい、既存のお客様から連絡があり、「すぐには使わない資金が入ったので、リスク商品でもよいから何か提案してほしい」と言われ、投資信託をご紹介しました。たまたまです。

　　A：なるほど。お金が入ったので何か提案してほしいという連絡をいただいたんだね（確認）。それでどう思ったの？（質問）

　　B：すごく嬉しかったです。一生懸命アフターフォローしてよかったと思いました。せっかくなので、お客様に喜んでいただける提案をしたいと思い、分散投資を３通りシミュレーションしていきました。

　　A：それは嬉しかったよね（共感）。お客様に喜んでいただきたいと思って、３通りのシミュレーションまで準備したんだ（リフレクション）。そのことで、上手くいったことは何かな？（質問）

　　B：はい、お客様の投資への考え方を聞かせていただいて、事前に作

第1章

第2章

第3章

第4章

第5章

成したシミュレーションの中から、ご要望に近いものを選んでご提案をしました。商品のパンフレットもシミュレーションに沿ったものを何種類か準備していったので、スムーズな説明ができました。

A：なるほどね。準備が大切だと感じたということかな（要約）。他には？（質問）

B：他に、ですか？そうですね。アフターフォローが大切だということでしょうか。値段が下がると評価損の報告をしなければならないし、嫌だと思いながらも丁寧にアフターフォローをしたことで、いつの間にかお客様から声をかけていただけるようになっていたことが驚きでした。

A：すると、アフターフォローも信頼構築には大切な活動だということかな？（要約）

B：はい。お客様の立場に立てば、たとえ評価が下がっても担当者が連絡してくれることが安心に繋がるのですね。

A：そうだね。いいところに気がついたね（承認）。さらにうまくいくためにはどうする？（質問）

B：今、話していて気がつきましたが、アフターフォローでお目にかかるお客様には、ご家族のことや生活に欠かせないこだわり、投資への考え方など、お客様の情報を収集しておこうと思いました。それが、お客様のためのよい提案に結びつくことになりますね。

　管理職の皆さんは、日頃、どちらに近い会話をしているでしょうか。①②ともに、上司は感謝を伝え、どうやって獲得したかとリフレクションを促す質問をしていますが、部下の「たまたま」といった表面的な言葉を聞いて、①は「たまたま」を否定しながらも、その話から目標達成への期待と保険商品獲得への指示と現状確認に移っています。つまり、上司の視点の先には組織目標の達成があります。
　一方、②は、指導も指示もすることなく、承認、質問、確認、共感、

要約等のスキルを使いながら、部下にリフレクションを促しています。そして部下に言語化させながら再現性を高めようとしています。その視点の先にあるものは部下の成長に他なりません。

　また、①の会話をした部下と、②の会話をした部下では、②の会話をした部下のモチベーション（動機づけ）が上がっています。

　圧倒的な違いは、②の部下は上司との会話を通じて、内発的動機づけを起こしているということです。②の場合、リフレクションを通じて、自分は頑張ればできるという「有能感」、否定もアドバイスもせずに話を聴いてくれる信頼できる上司が、自分を受け入れてくれている「他者受容感」、そしてアフターフォローでやるべきことを自身で目標設定した「自己決定感」、この３つが整っていることで内発的動機づけは起きたといえます。

　なお、上記のリフレクションミーティングは、２人の会話のスピードにもよりますが、３〜５分の時間で行うことができます。時間がないため人材育成ができないという管理職にも、日常的に使いやすい手法です。

　上記のとおり、リフレクションミーティングを有効なものにするには、部下の考えの中から答えを引き出すコミュニケーションスキルが肝となります。

　基本となるスキルは、「傾聴」「共感」「承認」「質問」「要約」、場合によっては「フィードバック」を使うこともあります。

第 5 章

理想の
リーダーになる

部下はリーダーを映す鏡

――部下を育てたいならリーダー自身を磨くべし。
　リーダーの見本・信頼・支援が部下の成長に直結する。

　「部下はリーダーを映す鏡」とは、上司がどう育てたかで今の部下がある、つまり「部下は育てたように育つ」ということです（福島正伸氏の言葉）。

　エネルギッシュで頼りがいのある部下、いつも難易度の高い仕事に挑戦しようとする部下、逆に何度言っても動かない部下など、目の前の部下は、あなたのリーダーとしてのあり方ややり方（言動や一挙一動）に影響を受けて変化するのです。

　部下は、あなたを映す鏡であるといっても過言ではありません。

1 管理型マネジメントの限界

　マネジメントには、管理型マネジメントとメンタリング・マネジメントの2つがあります。

> ▶ 管理型マネジメント
> 　依存型人材をコントロールして（人を思いどおりにしようとして）経営
> 　をする手法
> ▶ メンタリング・マネジメント
> 　自立型人材を育成してその能力を最大限に活かした経営をする手法

　そして、相手にどちらのマネジメントをしたかで、相手が依存型人材になるか自立型人材になるかが決まります（福島正伸『メンタリング・

マネジメント』）。

（1）管理型マネジメント

　管理型マネジメントでは、いかに上司の意図どおりに部下を行動させられるかということが優先され、部下の意思は関係ありません。

　例えば、支店長が今期は業績表彰で優績店表彰をとると決め、法人営業担当の部下に実績を求めます。しかし、全員の部下が必ずしも思うような業績を上げられるとは限りません。

　そこで、業績が低迷している部下に対して、管理型の支店長は、「君ならこれくらいはできると期待しているんだが（期待）。なぜできないんだ。君はもう中堅なのにこんな数字も取れないようでは、良い評価を与えられないよ（権限）。昇格時期も近いのに。わかるだろう。とにかく、自分のためにも頑張って何が何でもやってくれよ（強制）」と檄を飛ばしました。

　これは極端な例ですが、読者の中にも、上司からこれに近いマネジメントを受けたことがある人がいるかもしれません。業績不振の局面を挽回したいと焦ることがあっても仕方のないことだと思います。しかし、これが困った部下をつくる管理型マネジメントです。

　この支店長は、管理型マネジメントの常套手段である権限・期待・強制の３つを使い、部下をコントロールしています。支店長に限らず、上司という立場の管理職は、部下を評価するという強い「権限」をもち、上司が「期待」したとおりの行動や成果をあげることを部下に求めます。そして組織のミッションや部下の成長より、上司自身が欲する短期目標の達成を優先し、何が何でもやれと「強制」します。部下の中には、与えられた目標数字が自身の能力を超えたものだと思い、最初から諦めているかもしれません。しかし、上記の例の管理職は、数字を取れない部下の気持ちや思いなど考慮する暇などありません。

　そして、その時に使われる基本的なマネジメント手法が「アメとムチ」

です。「アメとムチ」を多用すると、しだいに部下は依存性を高め、言われたことだけやる、他責で物事を考えるなど、自分にとって楽で安易な方法をとるようになります。その結果、困難な状況や問題にぶつかるとすぐに諦めてしまいます。

また、厄介なことに「アメとムチ」の効果は持続しないため、繰り返し使い続けなければなりません。それに慣れた部下はいくら厳しく言われても、行動することを止めてしまうかもしれません。

部下の中に、いくら言っても動かない部下や言い訳ばかりする部下がいるとすれば、それは管理型マネジメントを行ってきた結果ともいえるでしょう。

（2）メンタリング・マネジメント

メンタリング・マネジメントとは、前述のとおり、自立型人材を育成し、その能力を最大限に活かした経営をすることです。

金融機関では、よく「メンター制度」が活用されています。新入行職員を育成するために先輩の中からメンターを選任したり、管理職育成の一環として役員がメンターとなったりして、マンツーマンで成長を支援する方法です。

「メンター」を日本語に訳すと、「助言者」「指導者」「師」という意味があります。「メンター」という言葉は、古代ギリシャ時代にオデュッセウス王の助言者やその息子の師を務めた「賢者メントール（Mentor）」の名前が語源だといわれています。

メンターは、部下が自発的に潜在的な可能性を発揮したくなるように導く存在です。メンタリング・マネジメントの役割を担うメンターとは「尊敬で人を動かす人」であり、メンター制度の導入の有無にかかわらず、上司はその役割を果たすべきでしょう。これは、「部下育成の7：2：1の法則」で前述した「上司からの薫陶」に通じるところです（第4章4の1（2）参照）。

　ここで難しいのは、上司自身はメンターの役割を果たしていると思っていても、上司がメンターであるかどうかは部下が判断するものである点です。

2 部下が求める上司

　求人情報メディアや人材紹介サービス等の運営を行うエン・ジャパン株式会社では、「上司」についてのユーザーアンケート調査を行っています（ウェブサイト「エン転職」内アンケート集計結果第41回『上司』について。有効回答数 7,074 名。）。

　その結果によると、「今までに尊敬する上司に出会ったことはありますか？」との問いに、約70％が「ある」と回答しています。また、「その上司のどんな点を尊敬していますか？」については、「人柄が信頼できる（62％）」、「リーダーシップがある（49％）」、「指示がわかりやすい（48％）」が上位でした。

　このアンケート結果には、回答した人が寄せたエピソードも紹介されており、例えば次のような内容があります（筆者による抜粋、要約）。

〈「人柄が信頼できる」と回答した人の意見〉

・ロジックだけでは物事をすすめられないことがあったが、人の心を掴み、巻き込んで組織改革を進めていた。

・まだ仕事に慣れず心が折れそうな時、心配してくれ、明るく仕事を手伝ってくれた。趣味や娯楽など興味のある話を共有し、プライベートでも親しみやすい上司だった。また、仕事が不慣れでも思い切って仕事を任せてくれ、ミスしてもカバーしてくださる懐の深い方だった。

・仕事の能力、人間力を評価し、ワンマン経営の社長に対して自分のことを守る抗議をしてくれた。やりがいと、この人のためにという信頼を与えてくれた。

〈「リーダーシップがある」と回答した人の意見〉

・求めている／求められている課題点を、指摘／指導してくれるまでの

209

経路が優れていると感じた（①部下の話をまず聞いて寄り添う、②実践してみせて、理想と問題の間を気づかせてくれる、③課題点をまとめて今後の対策を一緒に考える、親身になって丁寧に向き合う）

・部署企画部門とデザイン部門の長だったが、どちらの意見も聞いて、相談に乗り調整して、言うべきところは言い、頼れる上司であり、上司の上司からも頼りにされていた。

・スタッフ全員が方向性に迷ってる時、その上司の方のミーティングで、スタッフそれぞれの長所を伝え、短所を補うようにうまく話してくれた。

〈「指示がわかりやすい」と回答した人の意見〉

・結果のみに着目せず、過程を理解してアドバイスをくれた。

・ミスをしたことではなく、なぜミスが発生したかについて話し合い、次に発生させないようにポジティブなフィードバックをくれる。

・指示が的確であったのはもちろん、数分ごとに確認が生じる際にもしっかり向き合ってくれ、資料作りのスキルを格段にアップさせることができた。

この調査から、部下は上司をよくみているということがわかります。

さらに、「上司に期待していることを教えてください」という質問に対しては、「明確な判断をしてくれること（60％）」「人柄が信頼できること（60％）」「自分の意見や考えに耳を傾けてくれること（52％）」とあります。

尊敬する人の話は頭に残り、そのアドバイスを実践しようとするものです。また、目指すロールモデルがいるとやる気にも繋がります。

上司とは、「仕事を代わりにやってくれる人」でも、「ロジックに優れ、1人で仕事ができる人」でもなく、リーダーとして人間性に優れ、部下とともにあり、部下の仕事がしやすい環境を整えてくれる人といえるでしょう。

③ メンタリング・マネジメントの見本・信頼・支援

　メンタリング・マネジメントには、見本、信頼、支援の３つの行動指針があります。

（1）見　本

　「見本」とは、リーダー自身がまず自立型人材として行動できていることです。世の中の変化を楽しみ、厳しい目標や困難な課題にも諦めることなく、工夫を重ねて何度でも挑戦している姿をみれば、部下は大きく影響を受け、ともに学び、自立型に変容していきます。

　さらに、人に求める前に、その場の感情に流されず、やると決めたらやり抜く一貫性ある上司の姿に部下は尊敬の念を抱きます。

　部下が「挨拶しない」とか「消極的だ」と批判する前に、自分はどうであるか見直すことが必要です。

（2）信　頼

　「信頼」とは、上司と部下との関係を人と人の信頼関係で捉え、何があっても部下の成長を信じ続けることです。金融機関は異動が頻繁にあるため、正直なところ評判の芳しくない部下が転入するとなると、気になってしまうでしょう。その行職員が転入してきた時に、「できの悪い部下がやってきた。困るなあ」と思いながら「一緒に頑張ろう」と伝えても、上司の本音は部下に伝わってしまいます。もちろん上司はその部下を信頼し難いでしょうし、部下は上司を信頼するはずもありません。

（3）支　援

　「支援」とは、手法ではなく姿勢だといわれます。支援の目的は、部下を「やる気にさせる」ことです。そして、支援で大切なことは、一人ひとりの部下をよく理解し、思いやる気持ちをもつことです。

第１章　第２章　第３章　第４章　第５章

部下が困っている時に、手を貸したり、代わって仕事を進めてしまったりすることは簡単ですが、それでは部下は育ちません。逆に依存性を高めることになるでしょう。

上記3つがメンタリングリング・マネジメントに必要な行動指針ですが、きっと、皆さんを育ててくれた尊敬する上司もこんな人だったのではないでしょうか。

4 部下からもらった宝物

私は、支店長を拝命してから約12年間、経営職として銀行で仕事をさせていただきました。もちろん、業務上は様々な失敗や失態でご迷惑をかけ、反省することは多々ありましたが、リーダーとしては思い描いたマネジメントやリーダーシップが発揮できたのではないかと、自己満足ながら後悔はありません。それは、部下からの何にも代えがたい「宝物」をもらったからです。

その宝物のおかげで、今、マネジメントの仕事に関わることができています。

◇In my case **今でも続くリレーション**

支店長として最後に赴任した営業店は地区のブロック店で、出張所を含めて総勢60人弱の部下がいました。

同じ職場で働くメンバーは大切な家族のような存在で、全員とのコミュニケーションを大切にしていました。毎日全員に声をかけ、営業担当者とは同行訪問の機会に、パートタイマーとは昼食や夜の食事会などを設け、コミュニケーションを図りました。また、年に1度、メンタルヘルスを目的とした部下との面談の機会がありましたが、どれだけ忙しくても私自身が全員との面談を行いました。1人20分程度で行う予定でしたが、メンバーからのプライベートの悩み相談もあり、全員を終了するのに3ヵ月程度を費やしたように記憶しています。

心の温かい皆のおかげで店の雰囲気はよく、意見も言い合える環境で、

部下たちから飲み会や食事会の誘いをよく受けました。

　しかし、大勢の役席者がいる中で、直接細かなことにまで手や口を出すわけにはいかず、私の想いも一部の行員には届かなかったように思います。公平に接しているつもりでも、メンバーへの関わり方に強弱があったのかもしれません。

　また、法人・個人ともに業容が大きく、銀行全店の中でも来店客数の多い店で、日々、常連のクレーマーやトラブルへの対応に追われます。不良債権先も多く、10名近くいた役席者には厳しく指示したり注意したりする場面もありました。

　マネジメントは、組織の大きさや部下に応じて臨機応変に変える必要がある難しいものと痛感したものです。

　しかし、大方のメンバーは、それぞれの持ち場で前向きにチャレンジし続けてくれました。おかげで、大手企業への大型融資からベンチャー投資、また、銀行初の地域特産高級牛肉を担保とした動産担保融資などを手がけ、お客様に喜んでいただくことができました。その他、地域金融機関としての役割を重視し、地域や近隣のお客様とのリレーションを強化しました。残念ながら市町村合併が企業誘致に係る大型融資案件の持ち込みにまで影響したこともあり、業績表彰を受けることができませんでした。

　しかし、表彰以上の宝物を部下からもらったと自負しています。

　私がその店を離れる時の送別会でのこと、ある役席者が乾杯の挨拶の際に「支店長は、ブルドーザーでした」と言ったことが印象に残っています。その場は大爆笑となり、「ひどいなあ。女性にそれはないやろ！」と抗議した私に、「支店長、これは褒め言葉ですよ！」と逆に怒られました。

　また、業務監査の臨店時に「女性の支店長はどうか？」とヒアリングをした監査員に対し、「男でも女でも、支店長は支店長ですと言ってやりました」と、憤慨して報告してくれた役席者がいました。

　私がメンバーを家族のように大切に思っていたように、部下も私を信頼してくれていたのだと、今更ながらその時のことを思い出されます。

　あれからしばらく経ちますが、その後、最も関係が続いているのは最後の支店で苦楽をともにしたメンバーで、それがマネジメントの結果なのかもしれません。

第1章

第2章

第3章

第4章

第5章

2

自分らしい支店経営者を目指す

―――支店経営者は、自律と自導を兼ね備えるべし。
　有用な自己管理を行うために自己分析を怠らない。

　部下を自立型人材に育成するべきことは前述のとおりですが、ここで
は支店経営者を目指す管理職自身について考えてみます。

1 支店経営者に必要な自律と自導

　支店長と支店経営者は同意語ではありません。

　支店長の醍醐味は、支店経営をとおして「自らを表現できること」と
「部下を主役にすること」にあり、支店長職を目指すのであれば、「支店
経営者」を目指すべきでしょう。

　「支店長」は、部下と同じく、自立型の人材でなければなりません。
さらに、日々起きる問題や課題や、課せられた目標に対し、自身が立て
た「律」となる理念や規範を基に判断や決断を行い、成果をあげていく
「自律」が求められます。

　一方、「支店経営者」とは、支店長の働きに加え、自店の将来を見据
えたビジョンを描き、その達成に向かって熱く強い想いで支店経営をす
る人です。時には、リスクをとることも必要です。そこで、支店経営者
には「自立」と「自律」に加え、現実の自分をセルフ・リーダーシップ
で導く「自導」を兼ね備えることが求められます。現在は、それができ
なければ支店を経営するという役割は果たせない時代といえます。

> ▶ 自立
> 　諦めないこと。夢や目標を達成するために、自ら考え、行動すること。
> ▶ 自律
> 　自らを律すること。「律」となる理念・規範を決めて、それを基にブレない判断・行動をすること。
> ▶ 自導
> 　自らを導くこと（セルフ・リーダーシップ）。大いなる目的や理想を抱いた「もう1人の自分」を作ること。

（1）自立とは

　自立とは、一般的に他の助けや支配から離れ、自らが独り立ちすることを指します。また、自立には、自らが必要だと判断した知識やスキルを学びとることや、物事の判断の軸をもつこと等の能力や精神的な自立、経済的な自立、誰かの養護から離れ独り立ちする身体的自立があります。

　自立型人材とは、「夢や目標を達成するために、自ら考え、行動することができる人材、つまり諦めない人材」です（第4章1の3参照）。支店長の例でいえば、支店長自身が、困難な仕事や新たなソリューション営業、DXへの学び等に挑戦する姿を部下に見せることも自立です。

（2）自律とは

　自律とは、自分で立てた理念や規範に従って、判断したり行動することを指します。支店経営者も人である限り、時には楽なほうに流されてしまい、常に自律の姿勢を貫くことは難しいかもしれません。また、損得勘定を優先して物事を判断してしまうことがあるかもしれません。しかし、それでは部下を自立に導くことが困難になります。言ったことと行動が食い違うほど、部下の信頼を損なってしまうからです。

　卑近な例では、「お客様をお迎えするために挨拶をする」と部下に告げたら自らもロビーに出て挨拶をする、「いつも笑顔」を求めたらと

え辛いことがあってもお客様だけでなく、部下や家族にも笑顔で接するなど、言行一致が肝要です。

しかし、自分を律することは難しいことです。そこで、支店経営者として守るべき自身の行動指針や価値観（バリュー）を定め、それを紙に手書きし、手帳に挟んで携行したり、目につく場所に貼ったりするとよいでしょう。1日に1度、そこに立ち戻る時間をもち、自らを振り返ることをお薦めします。

（3）自導とは

『働き方の哲学』（村山昇著）を引用すると、「『自導』とは、大いなる目的や理想を抱いた『もう1人の自分』が、現実の自分を導くこと」とあります。

支店経営者は、自身が望む自店のあるべき姿（ビジョン）を定め、その達成に向かっていきます。しかし、時には迷いが出たり目的を見失ったりすることがあるでしょう。その時に、俯瞰的に状況を眺めて判断し、現実の自分を導いてくれるもう1人の自分をもつことが必要になるということです。

15年ほど前、尊敬する先輩が、「現実の自分の言動を冷静に見ている自分がいる。だから背中が伸びる」と話してくれたことがありますが、これこそが「自導」といえます。その先輩は、組織の中で常に大きな役割を担い、さらにキャリアを上げていかれました。

2 自分を知る

VUCAの時代は、経験や既存の考え方だけでは大きな成果を生むことが難しいといわれています。また、チャンスがいつどのような形で訪れるのか、予測もつきません。しかし、チャンスがやってきた時に、そのチャンスを掴むためには常に万全の状態を維持することが必要になります。セルフ・マネジメントの目的は、その時のために自身の状態を整

えることです。

　ドラッカーも、著書『マネジメント』の中で、「知識経済での成功は、自分の強み、価値観、そしてどのようにして最高のパフォーマンスを発揮するか、自分自身を知ることができる人にもたらされる」と説いています。そして、正しいセルフ・マネジメント、つまり自己管理を行うためには、まずは「自分の強み」「ワークスタイル（得意な仕事のやり方）」および「自分の価値観」をしっかり把握することが大切だと説いています。

（1）自分の強みを知る

　私たちは、子どもの頃から強みより弱みに着目され、その是正を求められてきたように思います。私自身、入行3年目にテラーを経験しましたが、手が遅い、喋らない、笑わない、そしてお客様と喧嘩を始めるといった最悪のテラーで、当然、3ヵ月で係替えになりました。かなりの「問題児」だったと思います。

　しかし、その「問題児」がもっていた小さな力を複数の上司が見抜き、「強み」にまで磨きあげる環境を与えてくださったことで、結果としてマネジメントまで経験できる行員になることができました。

　振り返ると、「問題児」である私の弱みに着目し、是正するように求めた上司には出会わなかったようにも思います。それどころか、可能性を信じてストレッチな仕事を与えてくださいました。

　強みはどこまでも磨くことができるものです。そして強みをさらに磨くと、弱みも普通程度には引き上がります。しかし、弱みが強みに変わることはありません。とすれば、支店経営をする際に「自身の強みと弱み」を把握し、特に自分の弱みをカバーしてくれるフォロワーをみつけ、そのことを伝えて役割を分担することが肝要です。

　支店経営者としてどのような力を磨いていけばよいのかを考える際に、まず自身の棚卸しをすることが必要です。そのアセスメント手法は

様々なものがありますが、その１つとして1998年にクリフトン博士が開発した「ストレングス・ファインダー」という手法があります。

▶ストレングス・ファインダー

オンラインで繰り出される177の質問に答えることで、人々に共通する34の資質から、自分の最も特徴的なトップ5の資質について、診断結果に基づいたレポートを入手することができるもの

〈ストレングス・ファインダー34の資質〉

実行力の 資質	影響力の 資質	人間関係構築力 の資質	戦略的思考力の 資質
・アレンジ ・回復志向 ・規律性 ・公平性 ・慎重さ ・信念 ・責任感 ・達成欲 ・目標志向	・活発性 ・競争性 ・コミュニケーション ・最上志向 ・自我 ・自己確信 ・社交性 ・指令性	・運命思考 ・共感性 ・個別化 ・親密性 ・成長促進 ・調和性 ・適応性 ・包含 ・ポジティブ	・学習欲 ・原点思考 ・収集心 ・戦略性 ・着想 ・内省 ・分析思考 ・未来志向

（出所）トム・ラス著『さあ、才能（じぶん）に目覚めよう　新版　ストレングス・ファインダー2.0』より作成

このアセスメントの結果は、本人の才能（潜在能力）であって、まだ強みではないかもしれません。しかし、才能はダイヤモンドの原石と例えられ、それを磨きあげたダイヤモンドこそが「強み」になります。その資質がスキルや知識、そして経験にどう関わるかを探り、自身の強みに基づいた能力策定プランを策定することもできます。

私自身がアセスメントを行った結果、トップ1は「達成欲」でしたが、これまでのことを振り返り、大いに納得しました。

このアセスメントは、「人間の強み」に関する研究に基づいたもので、このアセスメントを受けた人の数は、2017年時点において全世界で1,500万人を超えています。

なお、ストレングスファインダーを診断するには、以下の３つの方法

があります。

・書籍『さあ、才能（じぶん）に目覚めよう　新版ストレングスファインダー 2.0』を購入し、付属のアクセスコードを入手する
・米国ギャラップ社の公式サイトからアクセスコードを入手する
・スマートフォンやタブレットなどで公式の専用のアプリをダウンロードして診断を受ける

　トップ 5 に加え、 6 位から 34 位までの資質の診断結果についても有料で入手することができます。

　ぜひ試されることをお薦めします。

（2）ワークスタイルを知る

　自分自身のワークスタイルを知る 1 つの質問をみてみましょう。

質問　Ａ・Ｂ・Ｃ 3 人の部下が、以下の方法であなたに今後の営業活動の進め方を提案しました。

　　Ａ　「少しでも早く伝えたい」と、口頭で提案した

　　Ｂ　要点をメモし、それを渡しながら提案した

　　Ｃ　報告用紙に必要事項をまとめ、提案書として提出した

　さて、あなたは誰の報告を受けたいと思いますか？

　報告の受け方にも、人それぞれ好みがあるといわれます。上記の質問と選択は、効率や成果を求める物ではありません。単に、あなたの好みをあなた自身が理解することが目的です。

　上司は、自身のワークスタイルがスタンダードだと思い込んでいる可能性が高く、部下にも好みの進め方を求めます。しかし、前任の支店長があなたと異なるワークスタイルで部下に報告等を求めていたとすれば、あなたの望むワークスタイルを告げない限り、前任の支店長に行っていた方法を続けるでしょう。

　この他にも、仕事をする時、誰かと一緒に取り組みたいか、それとも 1 人で取り組むほうがよいかなど、人それぞれのやりやすい働き方があ

るものです。

　つまり、あなたはあなた自身のワークスタイルを認識し、部下に対してそれを明確に伝えておくことが必要なのです。

（3）自分の価値観を知る

　価値観についても、皆が異なる価値基準をもっています。

　支店長として赴任した最後の営業店で、部下との価値観のギャップを感じた出来事を紹介します。

> **◇In my case　部下との価値観のギャップ**
>
> 　ある年の期末近くの決起大会の席でのこと。私は、支店のメンバーの前で「支社長のためにももう少し頑張ろう」と話しました。その後、ある役席者から「支店長、私は支社長のために頑張るなんて考えたことがない」と異論を唱えられました。すると別の役席者が「支店長、あの発言で何人かの行員が『支店長は上をみている』と話していた」と教えてくれました。
>
> 　私が言った支社長とは、地区統括の役員で、私の上司にあたる立場の方です。私は常々、「上司に良い恰好をしていただく」ことがフォロワーとして当然の仕事だと考えてきました。だからこその発言でしたが、部下には理解されず、モヤモヤした気持ちが残りました。

　私の研修では、「仕事で大切にしていること」を思いつくまま10個書くというワークを行っています。次に、それを大切だと思う順に何度も並べ直し、トップ3を決めます。

　結果、出されたトップ3は、お金、幸せ、やりがい、成長など人によって様々で、それは本人が働く目的であり、働く価値を表わしているといっても過言ではありません。

　皆さんはどのようなトップ3が出るでしょうか。また、部下は何を大切にして仕事をしているでしょうか。

　ここで怖いのは、価値観の相違が上司と部下との意識のズレに発展する可能性があるということです。

　例えば、支店長は仕事で大切にしていることが、

　1番：成果　2番：リスク管理　3番：スピード

とします。

　一方で、部下が仕事で大切にしていることが、

　1番：コミュニケーション　2番：正確さ　3番：やりがい

とすれば、両者に大きなズレがあります。

　支店全体でこのようなワークをすることはできないかもしれませんが、部下とのコミュニケーションの中から部下の価値観を把握することはできるでしょう。

　これを知ったうえで、支店経営者としての価値基準を明らかにする必要があるといえるでしょう。部下に自分の「大切にしていること」を伝えることで、無駄なズレを減らすことができます。また、部下の仕事に対する価値基準を知ることにより、部下への動機づけを支援することが可能になります。

　上記は、仕事についての価値基準を例にとりましたが、自分自身が物事をどのように捉えているのか、物事の判断基準を自らが認識するという意味で、誰もが自分の価値基準を知ることは有益といえるでしょう。

　ここで、過去に支店長を経験し現在はビジネスリーダーとして活躍されている方々と、現役で活躍している若手支店長や部長にそれぞれヒアリングした「支店長として大切だと思うこと」をご紹介します。

◇Voice｜ 過去に支店長を経験した方の「支店長として大切だと思うこと」

・部下を大切にすること

・何があっても部下を守ること

・成果をあげること

・謙虚であること

・人間性を高めること

221

- ロジカルシンキングなどの論理的思考を身につけること（複雑に絡んだ課題・問題を解決するのに大変役に立っている）
- ゼネラリストでありながらも得意分野をさらに磨き、スペシャリストとしての力を鍛えておくこと
- 自分がしたくないことを成し遂げる「我慢」と、自分が目指したことを成し遂げるために伴う試練や辛さの壁を乗り越える「辛抱」（我慢で鍛えた精神力は辛抱でも発揮される）

　ここでは簡単にまとめましたが、実際にはそれぞれの経験と価値観に基づいた含蓄のある話を伺いました。読者の皆さんは仕事をするなかで何を大切にしているのでしょうか。

　折に触れ、自己分析を行い、自分は何にストレスを感じ、どんなことに反応するのかなど認識したうえでセルフ・マネジメントを行うことは、メンバーを率いて支店経営を行う際に役立つことでしょう。

3 マネジメントは最高に面白い

───マネジメントの面白さは黒子となって
部下を主役にできること。
そして、自身を表現できること。
この醍醐味を味わうべし。

1 中途退職の誘惑事件

　現在、管理職として活躍する皆さんも、長く勤めていれば、誰しも1
度は転職を考える機会があったのではないでしょうか。もしかしたら、
たった今、心が揺れている方もいるかもしれません。
　私にも、人生の転機となる中途退職の誘惑事件がありました。

◇In my case　中途退職の誘惑事件

　人事部で人材育成を主任として担当していた30歳半ばの頃、ある転職
の誘いがありました。大手教育会社の営業の方からの「講師をしてみない
か」というお話でした。
　研修講師になりたいわけではありませんでしたが、本音をいえば、当時
の金融機関では、女性が役職に就くのは考えられないことであり、主任以
上の職位への昇進は考えたこともありませんでした。また、ビジネスの世
界で私が身近に輝きを感じた女性は、その会社の経営を担いながら講師を
務めるMさんでした。
　Mさんは、都市銀行の出身で語学も堪能、発する言葉は論理的でありな
がらもとても暖かい方です。そしてMさんの研修は、理論と感情のバラン
スがとれており、誰もが納得し、モチベーションの上がるものでした。
　私は度々Mさんに連絡して色々なことを話し、"妹"と呼んでいただけ

るほどの間柄になっていました。まさに私の将来の目標、ロールモデルです。

　そのMさんの経営する会社への転職の機会でしたので、すぐにMさんに相談しました。しかし、喜んでいただけると思いきや、即座にNOと言われてしまいました。「大卒ではないから？」「講師経験が少ないから？」と、断られた理由を憶測し、それらが頭の中でグルグルと回りだしたのを覚えています。

　するとMさんは、それを見越していたように「マネジメントを経験してからにしなさい。マネジメントは自分自身の様々な成長に繋がる。特に人間性を高めてくれる。組織にいなければその経験をすることはできないから、今は銀行でマネジメントができるまで頑張りなさい。転職はその後でよいのだから」と言ってくれたのです。

　私はその時初めて、「早くマネジメントがしてみたい」と思いました。その気持ちは様々な変化に繋がっていくものです。ふとした瞬間に視座が上がり、自分のミッションに気づき、無我夢中で仕事に向き合うようになりました。

　それから、課長代理、副長の監督職を8年、支店長、副部長を12年と、本部と営業現場のマネジメントを経験しました。多くの嬉しい体験と、苦しく辛い体験をしましたが、その一つひとつに無駄なことはなく、常に学びと気づきの連続だったと思います。

　転職事件から約20年の時を経て、上司から「役職を外れてもらうことになる」と告げられた時に、即座に研修講師になろうと思い立ち、退職を申し出ました。Mさんとのやり取りが脳裏に浮かんだ訳ではなく、テラーも務まらなかった駄目な銀行員を育ててくださった方々への恩返しとして、Mさんのような研修講師になろうと思ったのです。

　そして何より、やりがいを感じた「マネジメント」を追究したいと強く思い、無謀にも準備も戦略もないまま銀行員から研修講師に転職しました。

　Mさんのアドバイスどおり、前職でのマネジメント経験が生かされ、今では研修のみならずコンサルティング事業にも繋がっています。あの時のMさんの厳しくも暖かいアドバイスには感謝しています。

そんなMさんは、12年ほど前に若くしてお亡くなりになりましたが、闘病中のMさんと食事をした時のことを今でも鮮明に思い出します。「発する言葉が短く、支店長らしくなった」と褒めていただきました。それが、Mさんとの最後になりました。

たった1回の中途退職誘惑事件ですが、私にはマネジメントの面白さに関わることになった大きな要因の1つです。

2 主役になって働く人

私は今、人材開発コンサルタントとともに、「理念策定・浸透パートナー」という仕事に出会い、子どものようにワクワクしています。

「理念策定・浸透パートナー」とは、企業の社長や組織の長のパートナーとして、理念（ミッション・ビジョン・バリュー）策定と、策定した理念の浸透を支援するコンサルティングです。

理念は、社長と社員とともに研修やミーティングを重ねて策定していきますが、そのプロセスを踏むなかで、クライアントの企業が変化しいていく様をみることが、何物にも代えがたい私のやりがいとなっています。

立派な理念を策定している企業や「理念経営」宣言している企業は星の数ほどありますが、理念が社員に共感し、社員の行動変容が起き、それが業績に反映されている企業はまだ少ないでしょう。つまり、理念はあっても浸透できていない企業がほとんどなのです。

では、「理念」を浸透させると何が変わるのでしょうか。

ここで、「3人のレンガ職人」の話を紹介します。

▶ 3人のレンガ職人

旅人が一本道を歩いていると、1人の男がレンガを積んでいました。旅人はその男のそばに立ち止まって、「ここでいったい何をしているのですか?」と尋ねました。するとその男は、「何って、レンガ積みに決まっているだろう。朝から晩まで、俺はここでレンガを積まなきゃいけないのさ」と答え、辛く

225

て不公平だと言いました。

　もう少し歩くと、一生懸命レンガを積んでいる別の男に出会いました。また旅人は尋ねました。「ここでいったい何をしているのですか？」するとその男は、「俺はね、ここで大きな壁を作っているんだよ。これが俺の仕事でね」と言いながら、家族を養うために仕事があることに感謝していました。

　旅人は、歩き続けました。

　もう少し歩くと、生き生きと楽しそうにレンガを積んでいる別の男に出会いました。

　「ここでいったい何をしているのですか？」と旅人は興味深く尋ねました。「ああ、俺たちのことかい？　俺たちは、歴史に残る偉大な大聖堂を作っているんだ！　ここで多くの人が祝福を受け、悲しみを払うんだ！　素晴らしいだろう！」と、教会の完成をイメージし、そこに訪れる人々の幸せまで考えていました。旅人は、その男にお礼の言葉を残して、また元気いっぱいに歩き続けました。

　同じ仕事をしている３人ですが、彼らの何に違いがあるのでしょうか。

　それは、どこに視点を向けて仕事をしているかに他なりません。

　１番目のレンガ職人は、自分自身のベクトルで、物事をマイナスに捉えています。

　２番目のレンガ職人は、自分自身のベクトルで、物事をプラスに捉えています。

　３番目のレンガ職人は、周囲の人々のベクトルで、誰かの価値をみています。つまり、関わるであろう人の視点になって考えています。

　理念の浸透は、３番目のレンガ職人を育てるものであり、３番目のレンガ職人こそが、「主役になって働く人」だといえます。「主役になって働く人」は、使命や目標を達成するために、誰にも強制されず自立的に考え行動します。仕事は苦しくとも、そこには楽しさとやりがいに溢れています。

　理念にはそれだけの力がありますが、それは理念に経営者の企業やス

テークホルダーに対する強い想いが込められているからです。

　支店長は経営者であり、自身の支店経営やステークホルダーへの想いが部下に浸透すれば、部下は3番目のレンガ職人になり得るのです。

　支店経営を経験し、また数々の経営者の企業経営を見聞きしてきたなかで、部下を主役として輝かせ、自身を表現できるやりがいのある仕事は、経営（マネジメント）の他にないと確信しています。

3 おわりに

　最後に、私自身が仕事に価値を見出した体験をお伝えしたいと思います。

　私が銀行の人材開発部門で働き始めて1年目のことです。研修所の事務室で、上司と役員と思しき人が人材育成について話していました。その役員らしき人が突然、私たち所員に向かって「誰かMKタクシーのことを知っているか？」と聞きましたが、誰も答えず沈黙が続きました。

　当時、MKタクシーがメディアに取り上げられ始めた頃で、たまたま雑誌でその会社を知っていた私は、沈黙に耐えられず「はい、知っています。従業員を大切に経営しているタクシー会社です」と答えました。

　その方が帰った後、上司から、先ほどの人は銀行のK常務取締役というとても偉い方だと聞かされましたが、当時は、ただ偉い人なのだと思っただけでした。その後、研修所へK常務がお越しになるたびに、ＣＳから経営や哲学まで、いろいろな話を聞かせていただくようになりました。

　それから何年かが経ち、頭取になったK常務から1通のメールを受け取りました。そこには、「前山、当行の人材育成に必要なものは何か」とだけ書かれていました。

　そこで、「営業には営業戦略がありますが、人材育成には戦略がありません。それでは当行に必要な人材が育てられません」と、普段から疑問に思っていたことを書いて返信しました。

　すると、「一緒に人材を育てよう」と返事をいただき、とても驚いた

227

ことを覚えています。

　当時、人材育成部門は「研修課」とよばれていました。また、女性が管理職に就くことなど想像できない時代のことです。頭取のその言葉に、自分の仕事に光があたったように感じました。そして「私の使命は、百五銀行の行員を育てること」と決め、人材育成の仕事にも支店長としてのマネジメントにも全力でのめり込んでいきました。

　本書で紹介した3番目のレンガ職人も私も、素晴らしいミッションを受けて「主役」として働いています。

　今、私は「働く人々が主役として活躍できる職場環境作りと能力開発を実現する」ことをミッションに、理念策定・浸透パートナーや研修講師等の活動をしています。

　この活動は、過去、私を育ててくださった多くの方々へのせめてものご恩返しになると信じています。

　1人でも多くの方が「最高に面白い支店経営」を経験されますように。

〈参考文献〉
・ピーター・F・ドラッカー『マネジメント　務め、責任、実践』Ⅰ～Ⅳ　有賀裕子訳（日経ＢＰ社）
・ピーター・F・ドラッカー『マネジメント【エッセンシャル版】基本と原則』上田惇生訳（ダイヤモンド社）
・ピーター・F・ドラッカー『明日を支配するもの―21世紀のマネジメント革命』上田惇生訳（ダイヤモンド社）
・福島正伸『メンタリング・マネジメント』（ダイヤモンド社）
・小杉俊哉『リーダーシップ3.0　カリスマから支援者へ』（祥伝社）
・ジョン・P・コッター『リーダーシップ論　いま何をすべきか』　黒田由貴子訳（ダイヤモンド社）
・アイラ・チャレフ『ザ・フォロワーシップ』野中香方子訳（ダイヤモンド社）
・松山一紀『次世代型組織へのフォロワーシップ論』（ミネルヴァ書房）
・岩崎玲子『リーダーのためのモチベーション・マネジメント』（ＰＨＰ研究所）
・エイミー・C・エドモンドソン『チームが機能するとはどういうことか』野津智子訳（英治出版）
・ハーバード・ビジネス・レビュー編集部編『オーセンティック・リーダーシップ』DIAMONDハーバード・ビジネス・レビュー編集部訳（ダイヤモンド社）
・池田守男・金井壽宏『サーバント・リーダーシップ入門』（かんき出版）
・ロバート・K・グリーンリーフ『サーバントであれ　奉仕して導く、リーダーの生き方』野津智子訳（英治出版）
・グロービス経営大学院編著　『【新版】グロービスMBAリーダーシップ』（ダイヤモンド社）
・眞崎大輔監修　トーマツイノベーション編著『人材育成ハンドブック』（ダイヤモンド社）
・中原淳・島村公俊・鈴木英智佳・関根雅泰『研修開発入門「研修移転」の論理と実践』（ダイヤモンド社）
・松尾睦『職場が生きる　人が育つ「経験学習」入門』（ダイヤモンド社）
・松尾睦『部下の強みを引き出す　経験学習リーダーシップ』（ダイヤモンド社）
・石田淳『人生を変える行動科学セルフマネジメント』（大和書房）
・トム・ラス『さあ、才能（じぶん）に目覚めよう　新版　ストレングス・ファインダー2.0』古屋博子訳（日本経済新聞社）
・村山昇『働き方の哲学』（ディスカヴァー・トゥエンティワン）

・豊田義博『若手社員が育たない。─「ゆとり世代」以降の人材育成論』(筑摩書房)
・最上輝未子『怒ってばかりの子育てが変わるコーチング』(PHP研究所)
・エドワード・L・デシ、リチャード・フラスト『人を伸ばす力　内発と自律のすすめ』桜井茂男監訳(新曜社)
・スティーブン・R・コヴィー『7つの習慣　25周年記念版』フランクリン・コヴィー・ジャパン訳(キングベアー出版)
・戸谷圭子『ゼロからわかる金融マーケティング』(一般社団法人金融財政事情研究会)
・高森厚太郎『中小・ベンチャー企業CFOの教科書』(中央経済社)
・博報堂大学編『「自分ごと」だと人は育つ　博報堂で実践している新入社員OJT　1年間でトレーナーが考えること』(日本経済新聞出版)
・小倉広『任せるリーダーが実践している　1on1の技術』(日本経済新聞出版)
・小倉広『任せる技術』(日本経済新聞出版)
・伊藤守『3分間コーチ』(ディスカヴァー・トゥエンティワン)
・本間浩輔・中原淳『会社の中はジレンマだらけ』(光文社)
・中西務『地銀支店長という仕事　どう動き、どう生きるか』(近代セールス)
・守屋智敬『あなたのチームがうまくいかないのは「無意識」の思いこみのせいです』(大和書房)
・大平信孝『指示待ち部下が自ら考え動き出す!』(かんき出版)
・中原淳『フィードバック入門』(PHP研究所)
・清水久三子『フレームワークで人は動く』(朝日新聞出版)
・佐藤允一『新版 図解 問題解決入門』(ダイヤモンド社)
・「営業店マネジメント［基本］コース」(経済法令研究会)
・「ベーシックコーチングテキスト 2020/3.25 改訂版」(NPO法人ヘルスコーチ・ジャパン)
・「Harvard Business Review」2019年10月号、2020年7月号(ダイヤモンド社)
・金融庁「利用者を中心とした新時代の金融サービス〜金融行政のこれまでの実践と今後の方針〜(令和元事務年度)(令和元年8月28日公表)」
・金融庁「令和2事務年度金融行政方針〜コロナと戦い、コロナ後の新しい社会を築く〜(令和2年8月31日公表)」

著者プロフィール

前山 都子（まえやま みやこ）
成長創造パートナー
インスピーレマネジメント　代表

人材開発コンサルタント
理念実現パートナー®
キャッシュフローコーチ®
方眼ノートトレーナー®
百五銀行出身。営業店において融資・内部後方担当後、1988 年
より行員の能力開発にかかる企画・運営・指導に従事。この間、
教育体系やリーダー制度の構築や研修所アルファの開設を担当。
2002 年より計 4 店の支店長を経験。マーケットに相応しい営業
体制づくりと部下の育成により、業績不振店を業績表彰受賞店
に変革。また事務管理部門の体制整備と業務・事務改善を実施
しミス・トラブルの減少に成功。2009 年からは人事部副部長兼
人材開発課長（研修所長）。新たな教育体系や自宅学習システム、
スキルレベル診断システムの構築、若手行員の早期育成を目的
とした営業担当者育成プロジェクトほか、行内外で多数の人材
育成策を企画・実施し行員の育成に尽力。2014 年 6 月同行を退
職。
同年 10 月、インスピーレマネジメントを開業。百五銀行での経
験を生かし、人材開発コンサルティングや各種講演、執筆、研
修講師として活動中。また働く人が主役になれる組織環境を作
るため、企業の理念実現パートナー®、キャッシュフローコー
チ®として活動中。
主な講義先として全国の金融機関、一部上場企業ほか多数。

金融機関管理職の戦略的マネジメント　成果をあげる力

2021 年 2 月 25 日　第 1 刷発行	著　者	前　山　都　子
2023 年 12 月 10 日　第 2 刷発行	発 行 者	志　茂　満　仁
	発 行 所	㈱経済法令研究会

〒162-8421　東京都新宿区市谷本村町3-21
電話 代表 03(3267)4811 制作 03(3267)4823
https://www.khk.co.jp/

営業所／東京 03(3267)4812　大阪 06(6261)2911　名古屋 052(332)3511　福岡 092(411)0805

カバー・本文デザイン／清水裕久
制作／松倉由香・辻角果月　印刷／日本ハイコム㈱　製本／㈱ブックアート

© Miyako Maeyama 2021　Printed in Japan　　　　　　　　ISBN978-4-7668-3439-0